パッと学ぶ「機械学習」

TensorFlow
Deep Learning
output
Matplotlib
Sepal width
Sepal length
SVC with RBF kernel
SVC with polynomial (degree 3) kernel
Scikit-learn
Head length, mm
Head width, mm

はじめに

「人工知能」を動かす仕組みの「機械学習」。中でも最近は、「ディープ・ラーニング」を行なう、賢そうな機械の話題が絶えません。

これらの機械を動かすプログラムは、どんなに難しい大量のコードからなっているのだろうか。Pythonプログラミングを始めたばかりの自分には、とても無理……と思う方もいるかもしれません。筆者もその一人でした。

しかし、実際には、たしかに難しい大量のコードからなっているのですが、それらが効率良くライブラリにまとめ上げられているため、想像よりもはるかに簡単に、自分で機械学習のモデルを作って、学習や予測を行なわせることができます。

本書では、実践を中心に、ライブラリで簡単化されている内容を、さらに簡単に解説しつつ、典型的な機械学習プログラミングの手順を解説しています。

機械学習の体系的な概念（教師あり/なし学習、ハイパーパラメータ、検証、学習不足と過学習…）などの「読んで覚える事項」は豪快に飛ばしていますので、それらについては詳しい教本をご覧ください。

本書でなんとなく感じがつかめていれば、きっと安心できるでしょう。

※本書は「WIndows 10 Home」での動作例を紹介していますが、「Mac」や「Linux」でも同じように行なえます。

清水　美樹

パッと学ぶ「機械学習」

CONTENTS

第5章　実践、「機械学習」

第6章　「TensorFlow-Keras」で「ディープ・ラーニング」

付 録　機械学習の基礎知識

第1章

体験する「機械学習」

　「機械学習」で作ったプログラムでは、どんなことができるのでしょうか。
　「AI」の研究を進めている企業や組織が、インターネット上に「体験サイト」を公開しています。
　「ゲーム感覚のもの」から、「実際にビジネスなどに使われているもの」、「パラメータを動かせるもの」まで、いろいろなサイトを訪ねてみましょう。

※2021年4月時点で確認できたサイトです。本書発行時に、サイトの内容やURL（アドレス）が変更されている、またはサイトそのものが消滅している場合があります。あらかじめご了承ください。

1-1　ゲーム的なデモ

「機械学習のデモ」であることを意識しないで遊べるデモです。

「遊びのルール」に、モデリングを容易にする条件が隠れていると考えられます。

Googleの落書き認識デモ　「Quick, Draw!」

「Quick, Draw!」は、GoogleのAI実験プロジェクト、「Experiments With Google」の「デモ・サイト」の１つです。

Web上のキャンバスに、指やマウスで簡単な線画を描くと、それが何であるかをAIが推論します。

ただし、決まった「お題」に従って描きます。

一日中やっていたくなる危険を予測してか、挑戦できるのは連続で6回までです。

また、ここで書いた絵は、データベースに追加されるので、「お題」に答えられるように、ベストを尽くすのが人の道です。

[Quick, Draw!のトップ・ページ]

https://quickdraw.withgoogle.com/

図1-1　「Quick, Draw!」のトップ・ページ　「描いてみよう」ボタンで開始。

■ 遊び方

ページの下にある「描いてみよう」ボタンを押すと、「お題」が出てきます。

このときは、まず、「ワイングラス」でした。

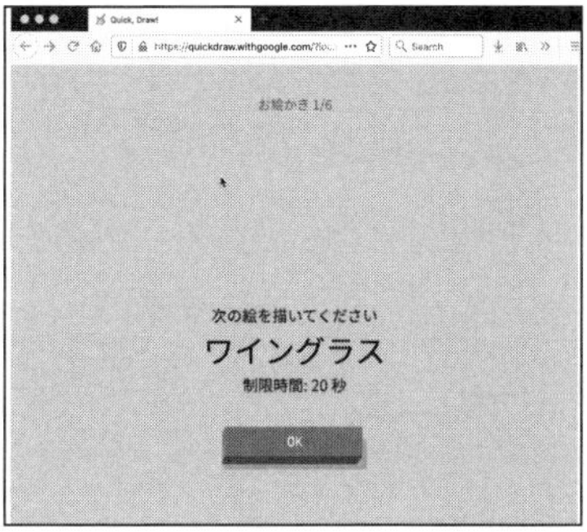

図1-2　「ワイングラス」という「お題」が出る

「制限時間20秒」とありますが、けっこう時間はある気がします。

＊

「OK」ボタンを押して、キャンバスに絵を描いていくと、描いているうちからAIがどんどん推測していきます。

これは気にする必要はなく、余興というか、AIがどのように正解に近づいていくのかを追跡できるわけです。

ただ正解が出るまで、ひたすら描いていきます。

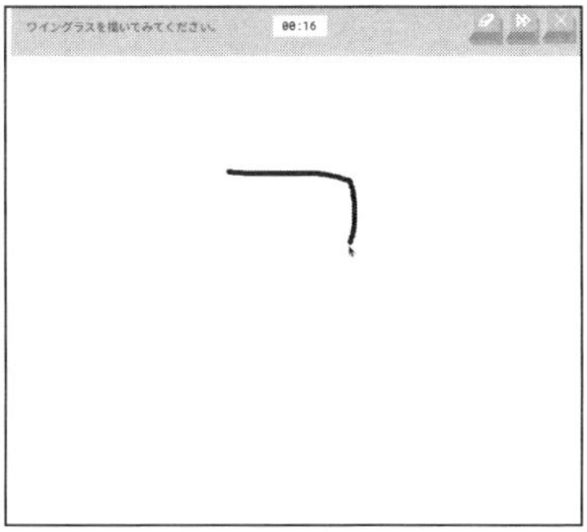

図1-3　マウスで絵を描き始めた

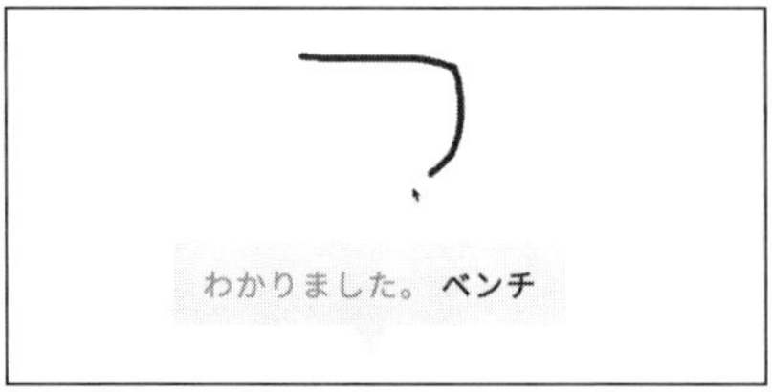

図1-4　これだけで「ベンチ」と推測される

最初に「ベンチ」と言われ、次に、「膝」「熱気球」「砂時計」…（すみませんそんな高等な絵ではないんです）という気になります。

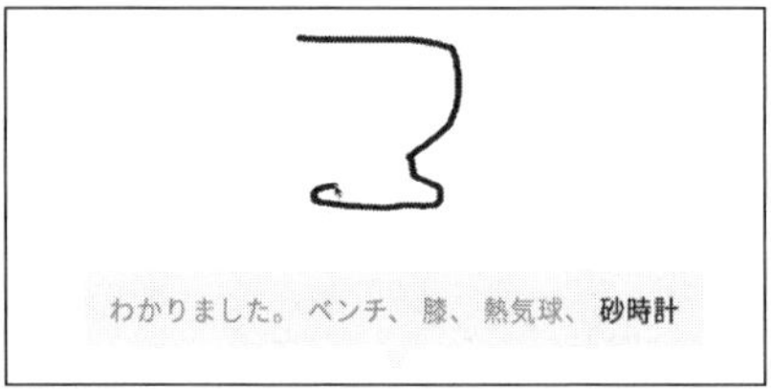

図1-5　書いていくうちにどんどん推測されていく

図1-6　正しく認識された

ついに「ワイングラス」と認識されました。

上部の表示は「残り時間」です。

図1-6までは残り時間10秒でしたから、10秒で完成したことになります。

■ 別のお題

次の「お題」も紹介しましょう。

「車輪」は、おそらく英語の「wheel」です。

日本語でいう「タイヤ」を描けば良かったのでしょうが、日本語の「車輪」という響きから、映画「ベン・ハー」などに出てくる「戦車の車輪」のようなものを描き始めてしまいました。

「円、月、ジャガイモ」などの推測を経て、図1-7の状態で正解してもらいました。

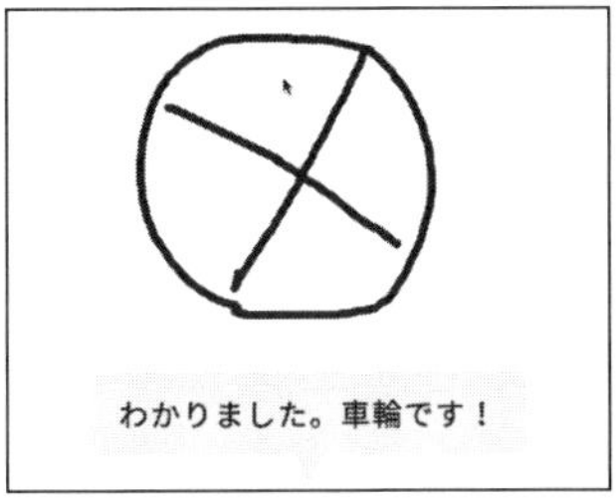

図1-7　「ベン・ハー」の戦車のあの感じで描いていって、認識された

■ 難題

最後に、「リモコン」は難しかったです。

電波などを描いたのは余計だったかもしれません。
携帯電話、いや電卓…まったく認識が進まずに終わりました。

図1-8　リモコンは難題であった

楽しみながらGoogleにデータを提供し、技術開発に貢献もするゲームでした。

1-2　プロも使っているデモ

実際にプロが使っている「AIモデル」を、手元のサンプルでお試しできるモデルを使ってみましょう。

「AI」が何に注目して分析し、どんな答を提供しているのか、実感できます。

画像認識の利用法が分かる「Google Cloud Vision API」のデモ

Googleの画像認識API、「Google Cloud Vision API」のデモを使ってみましょう。

＊

画像を「どうやって」認識するかは、クラウドの向こう側の話ですが、認識して、どのような情報が与えられるのかを知ることができます。

URLが少し面倒ですが、以下の場所にあります。

[Google Vision APIのデモページ]

https://cloud.google.com/vision/docs/drag-and-drop

URLを直接入力するのが大変なときは、「Google Cloud Vision API」で検索して、図1-9に示す「**ドキュメント**」「**ガイド**」「**試してみる**」の順にタブやリスト項目を選んでください。

＊

図1-9の四角い領域に、画像をドラッグドロップしてみましょう。

たとえば、図1-10は、筆者が以前撮影した、「漁業」が盛んな、ある街の風景です。

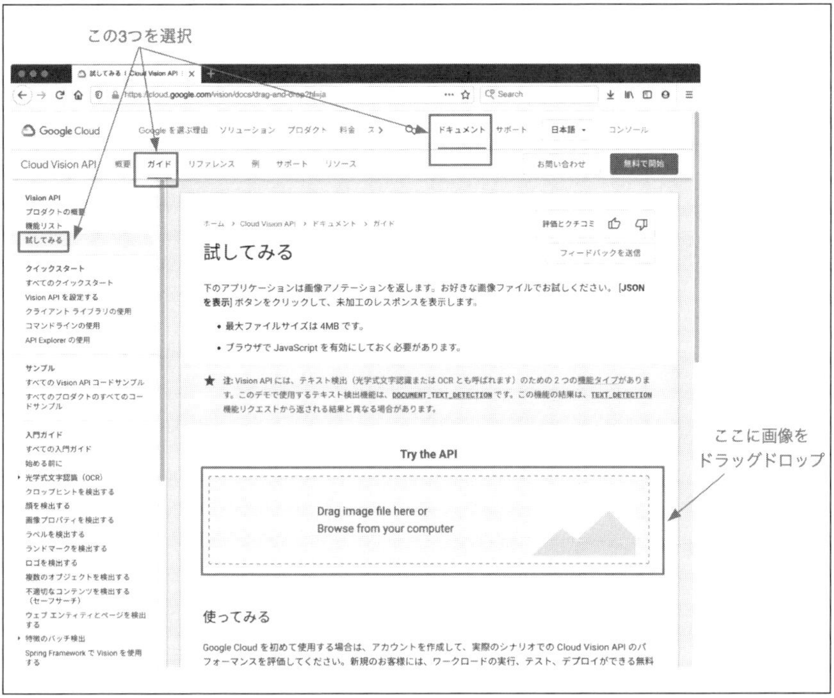

図1-9　「Google Cloud Vision API」のデモページ

図1-10 筆者が数年前に撮った、ある街の風景

■オブジェクト認識

ドラッグドロップすると、まず、検出されたオブジェクトは、**図1-11**のように、「Animal」が2体と、「Building」。

いずれも、確率は50〜60%ですから、けっこう戸惑っているようです。

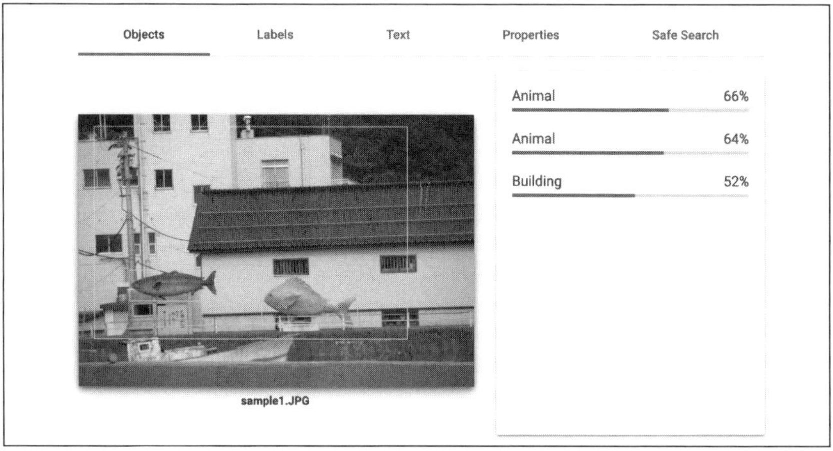

図1-11　「オブジェクト」の分析結果

■ラベル付け

今見た**図1-11**で、隣のタブ「Labels」を選んでみましょう。

そうすると、図1-12のように、この画像に関連すると思われる語句の一覧が表示されます。

図では、この画像に「Bird」が関連する確率が95%とあります。

家や窓に大してこんな大きい物体が空中にいるとすると、「魚」とは考えられないというAIの判断は無理もないと思います。

＊

他には、「樹」や「窓」、「門」、「屋根」などが関連ありとされています。

「Bird」の次に確率の高い「Property」の意味が「所有物」なのか「特性」なのかは不明です。

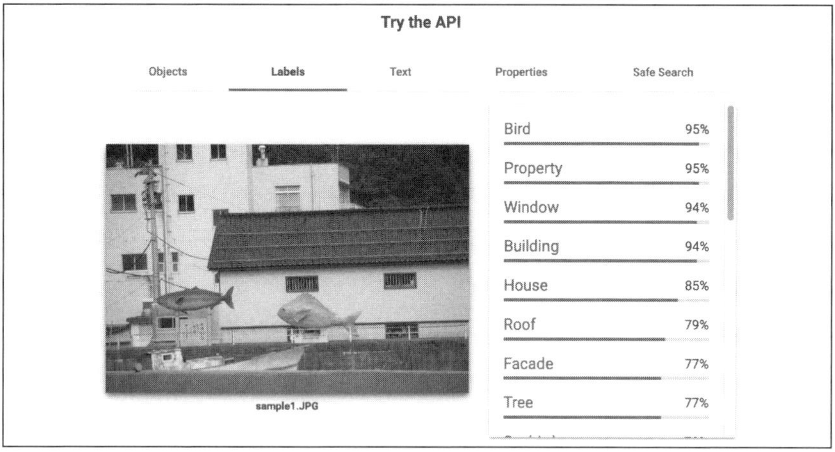

図1-12　関連ラベル一覧

■ もっと普通の写真

最初から個性的すぎる画像を用いてしまいました。

同じく筆者が撮影した他の街の写真は、典型的な「建物」と「車」の写真です。

図1-13のように認識されています。
「ホィール」のような特徴的な形が、車の識別に役立っているようです。

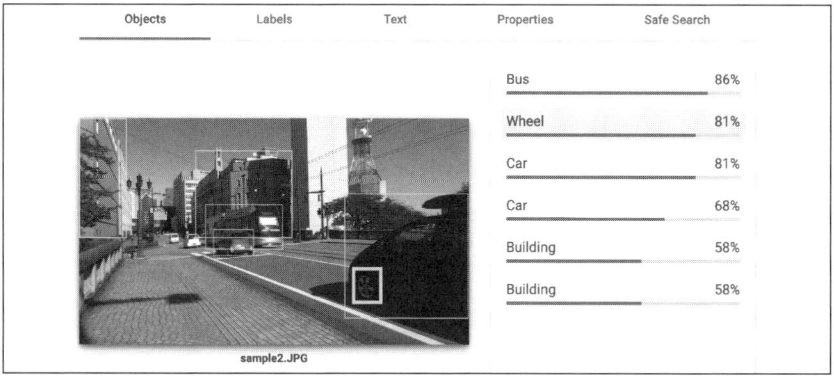

図1-13　もっと普通の写真
「ホィール」と「車」と「バス」と「建物」が認識されている。

■ 絵のオブジェクトとラベル

この画像認識システム、認識するのは実物だけではありません。
絵でも試せます。

筆者が描いた「絵」から、AIは**図1-14**のように、「人」とその「服」、そして「羊」を捉えました。

「建物」が認識されなかったのは、筆者の画力の無さだと思います。

図1-14　筆者が描いた絵　　「人」と「羊」と「服」が検出された。

図1-15は、この図についた「ラベル」です。

＊

まず「Cartoon」（マンガ）です。
人気マンガの無断アップロードの検知に使えそうなラベルです。

次についているのは「Vertebrat」（脊椎動物）で、分類学的な検索に使えそうです。

続いて、色調「White」や、「People in Nature（自然の中の人々）」という、概念的なラベルも上がっています。

■ 閲覧の安全を評価

最後に、「Safe Search」(安全な検索)というタブを見ましょう。

＊

公序良俗に反したり、刺激の強い絵ではないかという評価で、これらの度合いが高いものは検索されないようにするためのラベルに使えます。

＊

図1-16のように、上から「アダルト画像」「風刺画」「医療画像」「暴力的」「人種差別的」かどうかという程度が表示されています。

いずれも、「可能性は低い」または「可能性は非常に低い」という、健全な画像であるという評価をもらいました。

なぜ、「暴力的な度合い」だけちょっと高いのかは、分かりません。

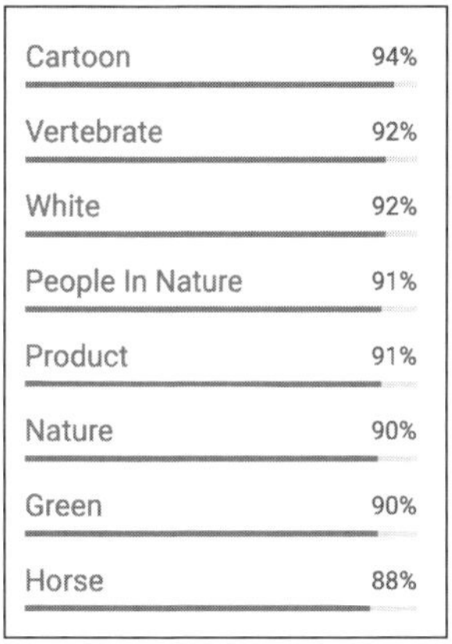

図1-15　より概念的な語が並ぶ「ラベル」

図1-16　安全に閲覧いただける絵です

このように、画像認識では「何が写っているか」だけでなく、画像から得られる「どのような種類の画像か」「共通している被写体は何か」「色」「雰囲気」のような、「より抽象的なメッセージ」、また、「共有する画像として適切か」なども分析します。

自然言語の考え方が分かる「Google Natural Language API」のデモ

自然言語処理も、同じGoogleの「Google Cloud Natural Language API」でデモが使えます。

[Googleの「Cloud Natural Language API」デモページの URL]

https://cloud.google.com/natural-language

「言語処理」も、「画像処理」と求めるものは似ています。

「画像」で「何が写っているか」に対応して、「言語」では「何が語られているか」ということになります。

そのため、文学的な表現よりも、扱う話題がはっきりしていて、肯定的か否定的かが述べられているものが適しています。

「ニュース記事」「論文」「商品レビュー」などです。

今回のサンプル文も、そのように意識して書いてみることにします。

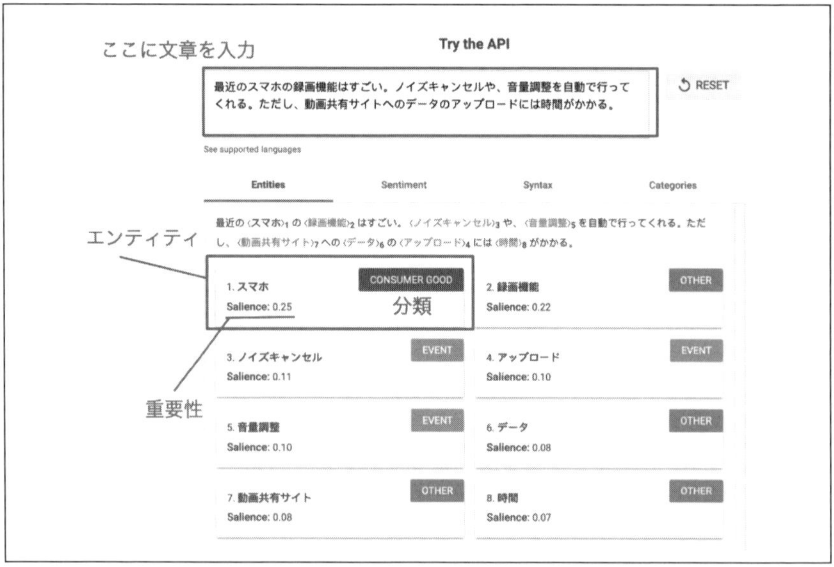

図1-17　分析しやすいように気をつけて入力してみた

■ エンティティの抽出と分類

図1-17で分析の最初に出ている枠は「Entities《エンティティ》」と呼ばれ、画像認識の「オブジェクト」と似たような識別単位です。

8つの語が「エンティティ」として抜き出されました。

＊

まず目につくのが、「エンティティ」についている分類です。

以下の語が特別なラベルで分類されています。

「スマホ」：CONSUMER GOOD（商品）
「ノイズキャンセル」「アップロード」「音量調整」：EVENT（イベント）

■ 重要なエンティティ

また、「Salience」（顕著性）は、文書全体での重要性で、合計が「1」です。

図1-17の中では、**図1-18**のように「スマホ」と「録画機能」で合わせて「0.5弱」ですから、「スマホの録画機能」が話題の中心と分かります。

図1-18　重要性の高い2つのエンティティ

■ 感情分析

続いて、**図1-19**のように、「Sentiment（感情分析）」のタブを見てみましょう。

以下の度合いが数値で示されています。

Score（スコア）：「-1.0」が最も否定的、「1.0」が最も肯定的
Magnitude：感情の強さ。「0以上」で、上限無し

＊

このサンプルで、「感情」については、「最近のスマホの録画機能はすごい」の肯定感が「0.8」、それに対して「ただし、動画共有サイトへのデータのアップロードには時間がかかる」の否定感が「-0.8」です。

＊

「レビュー」は「長所」と「短所」をバランス良く入れているものが多いので、「全体」よりも、一文ごとの評価を検討することになるでしょう。

＊

一方、「感情」については、他の分析例を見ると「5」で「比較的感情的」なそうですが、この文の感情指数は全体として「2.2」ですから、「冷静」と受け取られています。

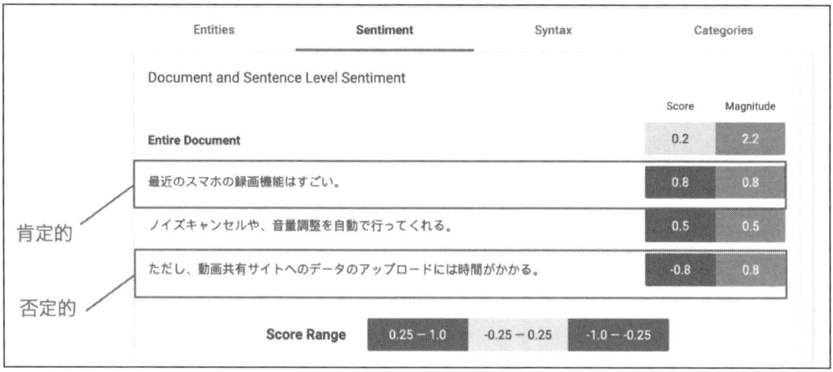

図1-19　感情分析の結果　　「肯定」と「否定」が半々

このようにして、自然言語処理は、「今世の中で注目されている話題は何か」「何が肯定的また否定的に受け取られているか」を把握したり、「商品」や「エンタメ」の評判を調べたり、顧客からのクレームを整理したりという仕事に実際活躍しています。

1-3　パラメータを動かせるデモ

最後に、パラメータの値を変更して、結果を比較できるデモを行なってみましょう。

「TensorFlow Playground」では、「ニューラル・ネットワーク」の仕組みも直感的に把握できます。

ニューラル・ネットワークのデモ「TensorFlow Playground」

身近な「画像」や「文章」を用いた後は、「機械学習」の仕組みを理解できるデモを体験してみましょう。

＊

「機械学習」、それも「ディープ・ラーニング」に関心のある方は、フレームワーク「TensorFlow」の名前を聞いたことがあると思います。

「TensorFlow Playground」では、その「TensorFlow」に備わっているライブラリを用いて、「解析デモ」を動かしてみることができます。

[「TensorFlow Playground」のURL]

http://playground.tensorflow.org/

「トップ・ページ」は**図1-20**のようなもので、いちばん上には「好きに操作して大丈夫、壊すことはありません」と書いてあります。

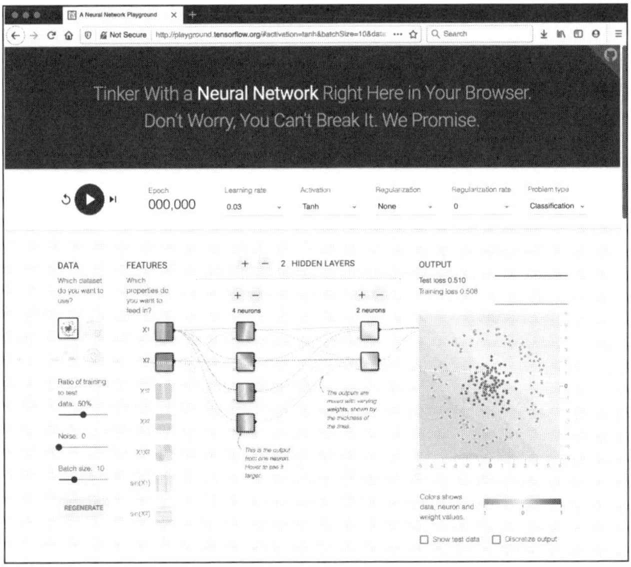

図1-20　「TensorFlow Playground」のトップ・ページ
上のメッセージは、「この場でいろいろ動かしてみてください。大丈夫、何やったって壊れるシロモノではないから」と書いてある。

■ 何をやるものなのか

「何をやっても」って、何をやれるのか。そもそも何をやるものなのか。

＊

説明しましょう。

これは、右側にある「オレンジ」と「青」の点群を分類してみよというのです。

「もう分類されているじゃないか」と思うかもしれません。

それは、あなたの知能が、瞬間で分類したのです。

「“円の方程式”を使えば分類できるじゃないか」と思うかもしれません。それは、あなたが“円の方程式”を知っているからです。

「ディープ・ラーニング」をする機械は、何も知りません。

知っているのは、「ある境界のこっち側は「青」で、反対側は「オレンジ」、というその境界を決めるんだ」ということだけです。

＊

その「境界線」は、最初は大きくガガっと、それから「これじゃだめだな」と思い直して、次にもう少し複雑な分け方を考えます。

たとえば、**図1-21**のような考え方です。こうしたことを、非常に小さく分割された領域において、何度も繰り返します。

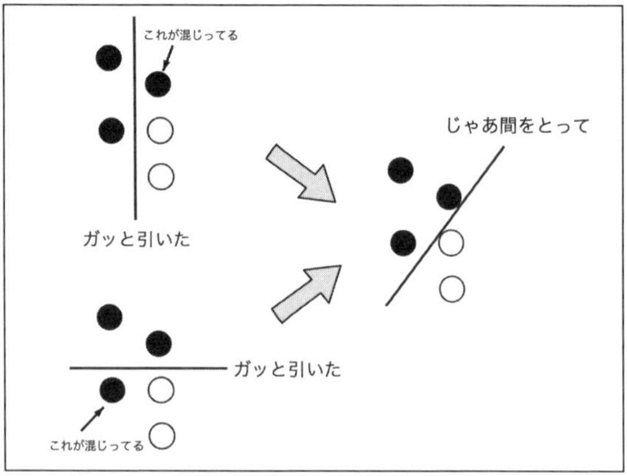

図1-21　「縦分割」「横分割」から、より「複雑」な「斜め分割」へ

■ 実際の動作

実際に動作させてみましょう。

＊

あなたの知能は、すでに**図1-22**のような絵に注目し、「あの再生ボタンを押せばいいんだな」と見当を付けていると思います。

素晴らしいです。

ページの右側にあるオレンジと青の点群に注意しながら、押してください。

＊

すると、点群に「境界線」というか、「ある境界よりこっちは青に」、「こっちはオレンジに」色を塗り潰す過程が表示されていきます。

＊

境界線が動いていく画面の上には、「実際の境界」との「誤差の時間変化」がグラフ表示されます。

＊

最初は斜めに“ガッ！”と引かれた境界線が、だんだん円状になり、最後には「円」からさらに「オニギリ型」になり、最後に境界線が“グッ”と引き締まります。

「境界線」が正確になるにつれ、上部の誤差の曲線はどんどん下がっていき、最後にほとんど平坦になります。

そうしたら、**図1-22**のボタンをもう一度押して、操作を止めます。

自分で止めるまで、延々と計算が続きます。

図1-22　これが『再生ボタン』で、『押せば何かが起こる』と予測できる、あなたの知能は素晴らしい

＊

この計算は、何度でもやり直せます。

直感したとおり、**図1-22**で左側の“矢印ぐるん”のアイコンを押せば、「やり直し」になります。

なお、初期状態をランダムに設定しているため、結果は微妙に違ってくるでしょう。

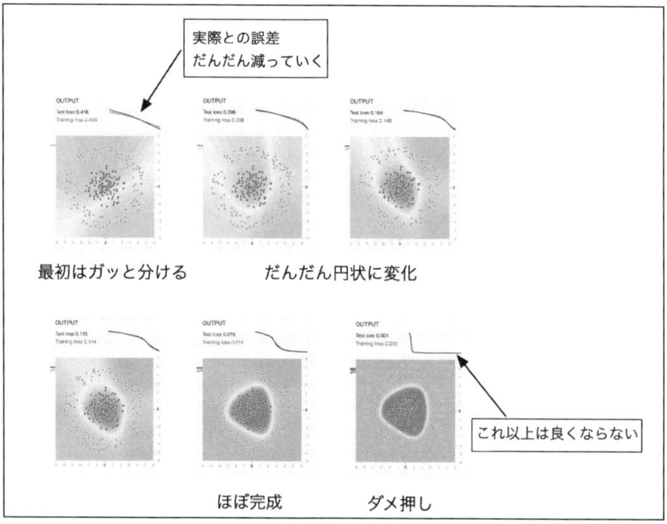

図1-23　青とオレンジの点群を分ける境界線ができていく様子

■ どういう構造なのか

「ニューラル・ネットワーク」とは、「ニューロンから成るネットワーク」です。

「ニューロン」というと、**図1-24**のようなイメージがありますが、「人工ニューロン」とは要するに「関数」です。

ある条件を境に、出力したりしなかったりするところがニューロン的なのです。

「出力しない」だけでは曖昧なので、「0か1」のように2値のどちらかを出力します。

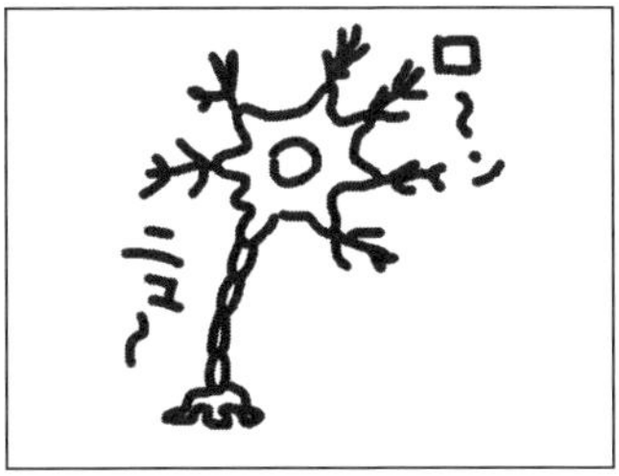

図1-24　「ニューロン」というとこういうイメージが

図1-25が、ニューロンから成る層が複数重なり合って、「単純な境界情報」を組み合わせて、「複雑な境界情報」を構築していく過程を表わします。

＊

その「ニューロン」の層は4層、各層のニューロン数は2つまたは4つです。

4層目が、結果を表示する画面に相当します。

＊

「そんな単純な構造が知能!?」と驚くかもしれません。

しかし、扱う画像データを細分化して、誤差が少なくなるまで、計算を何度も繰り返していくのです。

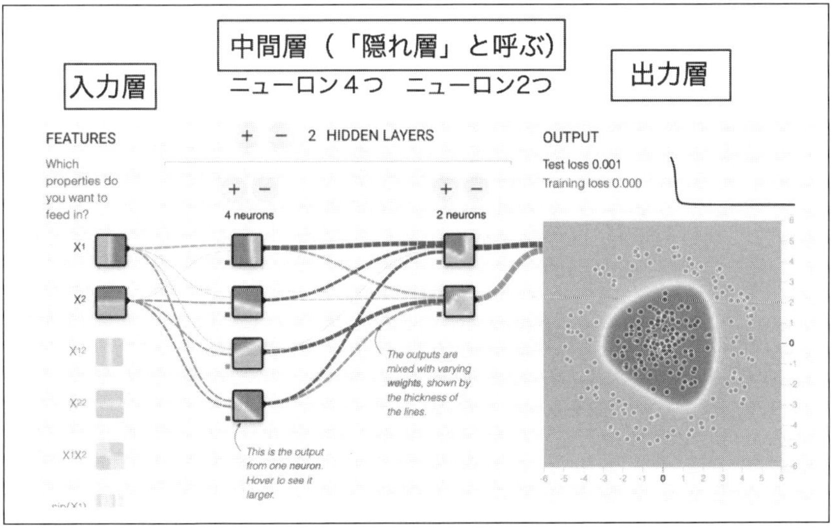

図1-25　「ニューラル・ネットワーク」の構造。意外に簡単

■ パラメータを動かす

このデモでは、「パラメータ」を動かして、「ニューラル・ネットワーク」の構造と性能の関係を変更できます。

「ディープ・ラーニング」について学びを進めれば、何をやっているのか理解が進むはずですが、ここでも分かる範囲で変更してみます。

＊

「パラメータ」の変更は画面の「上部」「左側」、また構造を示す画面のいろいろな部分でできますが、最も分かりやすいのが、上部にある「Activation」(活性化関数)というドロップダウン・リストです。

＊

うんと手短に説明しますと、「ニューラル・ネットワーク」では「ある条件でこの「ニューロン」に伝える、そうでなければ伝えない」という判断を膨大な回数、それぞれ違う条件で行なっています。

「ある条件かそうでないか」の遷移を数学的に記述するのが「活性化関数」です。

現在よく用いられている「活性化関数」は基本的に3つで、図1-26に示すとおりです。

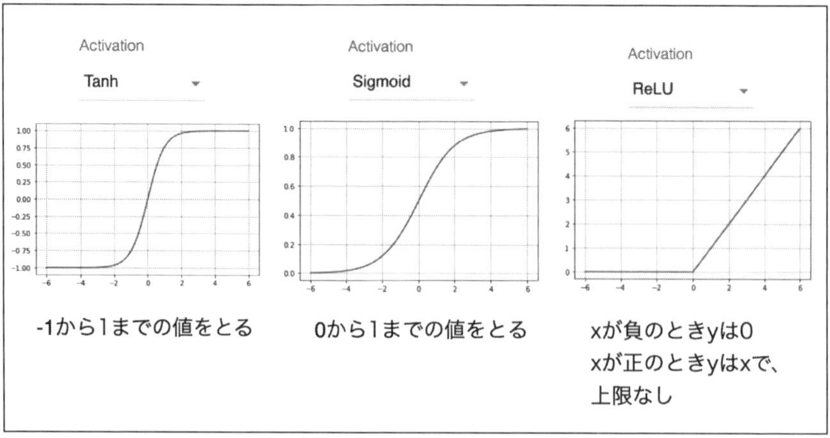

図1-26　「ある条件かそうでないか」を記述する「活性化関数」トリオ

数学的な話はあとにして、真ん中の「シグモイド関数」が最も古典的な関数で、yが「0」から「1」までの値をとります。

＊

しかし、yが「-1」から「1」までの値を取るようにしたい場合は、左側の「tanh（ハイパーボリック・タンジェント）関数」を用い、今はこの関数が用いられています。

＊

右側の「ReLU」（「ランプ関数」、「矩形化関数」などと呼ぶ）は、このあと比較するように「速く正確」なので、最近使われることが多くなっています。

「活性化関数」を「Sigmoid」にしてみると、**図1-27**のような過程で「オレンジ」と「青」が分類されます。

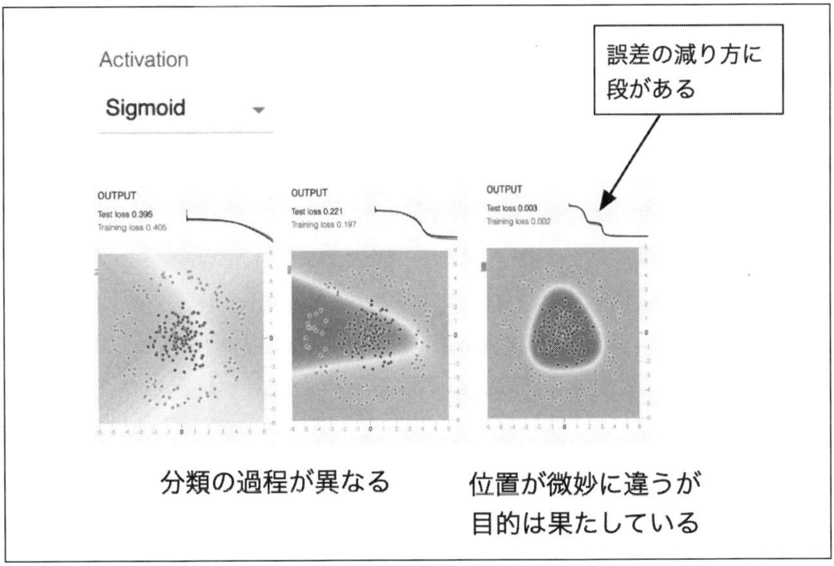

図1-27　活性化関数を「Sigmoid」にした場合

全体的に分類の過程がソフトで、ある状態で誤差が一定になったかと思うとまた減り続けるという挙動をとります。

最終的な境界線の位置も関数に「Tanh」を選択していたときと異なりますが、「オレンジ」と「青」の点は分類できています。

活性化関数を「ReLu」にすると、**図1-28**のように「境界線」が「直線」の集まりになります。

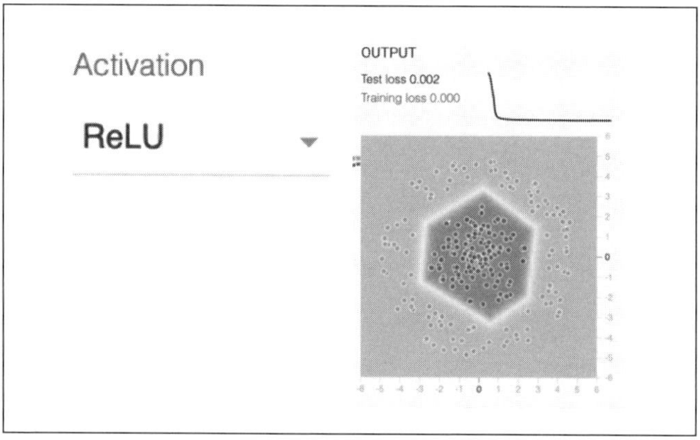

図1-28　活性化関数を「ReLu」にした場合

しかし、あくまで注目するのは「最終結果」と、「最終に到るまでの速さ」です。

「誤差」にはいくつか種類がありますが、大きめの字で書いてある「Test loss」という表示に注目することにしましょう。

図1-29に示すように、「Sigmoid」の場合、「Test loss」の値は他の二つに比べて大きいままで落ち着きました。

一方、誤差が落ち着くまでの「Epoch」（エポック、学習回数の単位）数は明らかに異なり、「ReLu」が少ない回数ですみ、「Sigmoid」では回数がかかります。これは、実際に操作しても体感できます。

「Sigmoid」は「う～ん」、「ReLu」は「速ッ」と感じられるでしょう。

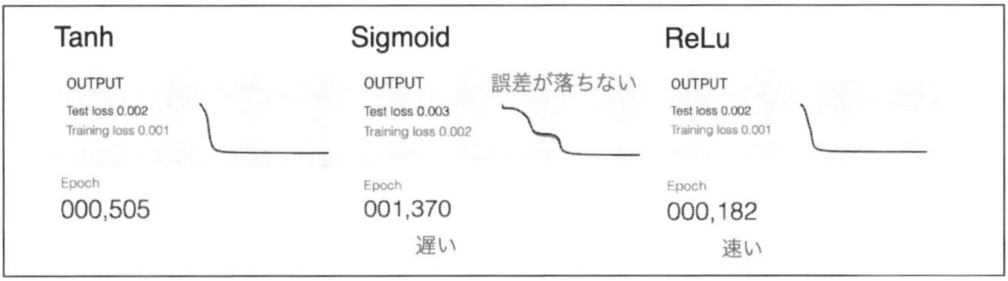

図1-29　最も注目すべき「最終結果と速さ」

この「TensorFlow Playground」は、もっと学習が進んでから、もう一度振り返ってみてください。

＊

以上、本章では予備知識もプログラミングの手段もなしで体験できる「機械学習デモ」を体験してみました。

次章では実際に「機械学習プログラム」の「Python言語」のコードを見てみましょう。

でも、まだ“見るだけ”です。

第2章

“パパッ”とコードを眺める

第1章では、「字のようなもの」を何も見ないで「AI」を体験しました。

本章からは、いよいよ「Python」のコードを学びはじめましょう。

ただ、自分のパソコンで「AIプログラム」を書けるようにするには、「環境構築」が大変です。

まずは、筆者がご紹介する「コード」を見てください。

目で見て、「ハハーン」という簡単なものしかお見せしないので、気軽に眺めて大丈夫です。

2-1 「機械学習」と「ディープ・ラーニング」

「機械学習」は「scikit-learn《サイキット・ラーン》」、「ディープ・ラーニング」は「TensorFlow《テンソルフロー》」とはよく言われ、本書でもその観点で進んでいきます。

ところで、「機械学習」と「ディープ・ラーニング」は、どう違うのでしょうか。

「機械学習」とは

「機械学習」の「機械」とは、「コンピュータ」のことです。

「学習」とは、「コンピュータがデータを読み込んで、それを自分のものにしていく感じ」を、SF っぽく表わす用語です。

しかし、実際には、「Xを入力するとYを戻す」計算方法を、推定していくことです。

■ 人がどこに頭を使うのか

もともと「機械学習」は、「人ができるところまで理論を立ててから、最後は実際のデータに合わせていく」という、方法をとっていました。

しかし、コンピュータの性能が向上したため、「目的の処理を多数の単純計算の階層構造に構築し、「真の値」と「予測値」の差が小さくなるまでコンピュータにひたすら計算式のパラメータを修正させる」という、方針が用いられるようになりました。

これが「機械学習」の一分野である、「ディープ・ラーニング」です。

図2-1に示すように、「機械学習」では、「Xに対するYをイッパツで出せるような "関数"(アルゴリズム)」を探すため、人が頭を使います。

一方、「ディープ・ラーニング」では、「単純な計算を組み合わせて、XからYを構築していくその "組み合わせ方"」に人が頭を使います。

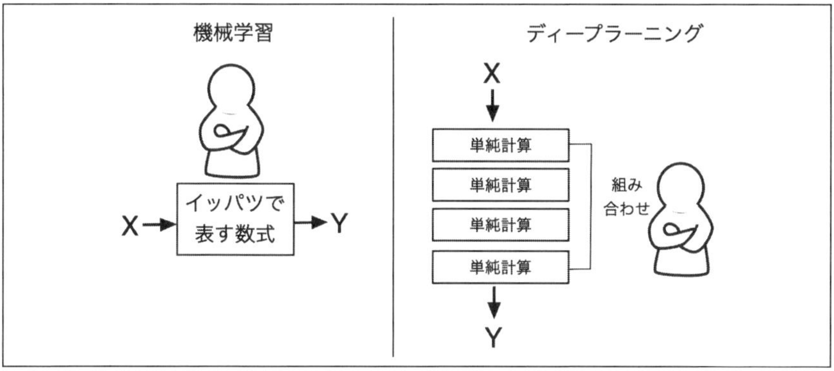

図2-1　「機械学習」と「ディープ・ラーニング」　人の頭の使い所。

今、「ディープ・ラーニング」の成果が目覚ましいので、「機械学習」といえば「ディープ・ラーニング以外（以前）」の分野を指すようになりました。

「古典的機械学習とディープ・ラーニング」のような呼び方をする人もいます。

と言っても、「機械学習」も「コンピュータの負荷が小さく、人の思考によく合っている」という良さを活かして、今も発展を続けています。

2-2　「scikit-learn」で「機械学習」

「機械学習」と言えば、カタカナで「サイキット・ラーン」と発音されるのを聞いたことがあるのではないでしょうか。

「scikit-learn」とは、Python《パイソン》で「機械学習」全般を行なうための、便利な「クラス」や「メソッド」が揃った、「ライブラリ」のことです。

■「scikit-learn」のホームページ

「scikit-learn」では何ができるのでしょうか。

ホームページのURLは、以下のとおりです。

[scikit-learnのURL]

https://scikit-learn.org/

メニューからさっそく「User Guide」に行ってみますが、数学的な説明があっても、コードの書き方は…

図2-2　「scikit-learn」のユーザーガイド

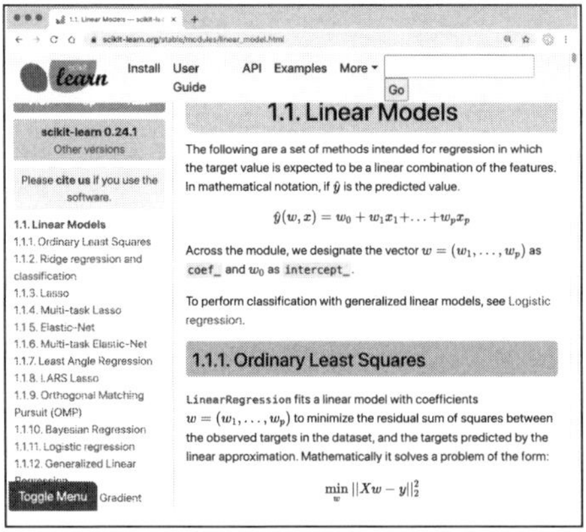

あのぅ、コードは…

少し読み進んでいくと、コードが見つかります。

このページは、「線形近似の方法」を解説しているのですが、はたして**図2-3**上部に見えるようなグラフが、こんな短いコードで書けるのかというと、書けません。

これには、「Matplotlib《マットプロットリブ》」という、機械学習に限らないグラフ描画のライブラリが必要なのです。

このグラフの書き方は、**第4章**で学びます。

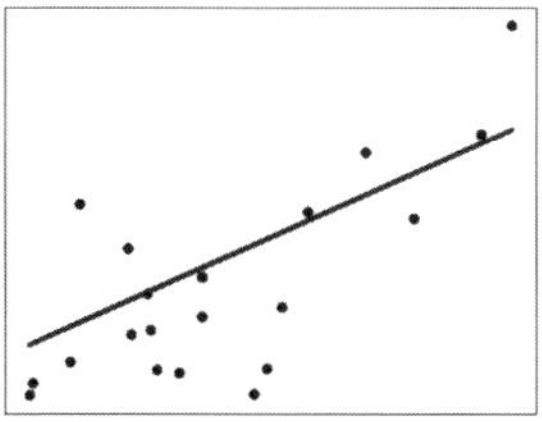

`LinearRegression` will take in its `fit` method arrays X, y and will store the coefficients w of the linear model in its `coef_` member:

```
>>> from sklearn import linear_model
>>> reg = linear_model.LinearRegression()
>>> reg.fit ([[0, 0], [1, 1], [2, 2]], [0, 1, 2])
LinearRegression()
>>> reg.fit([[0, 0], [1, 1], [2, 2]], [0, 1, 2])
LinearRegression()
>>> reg.coef_
array([0.5, 0.5])
```

図2-3　グラフがすぐに描けるわけではない

■ 直線回帰のモデル

それでは、「scikit-learn」を使った最も簡単なコード例のひとつを、以下に示しましょう。

ただし、本章では「見るだけ」なので、インポートや、途中の詳細な経過は**第5章**で実際にやってみます。

＊

例として、以下のようなXとYの組み合わせがあったとしましょう。

(0, 1), (1, 3), (2, 5), (3, 7)

この場合、XとYの関係を表わす式はというと、「直線y = 2x+1」だと顔に書いてあるようなものですが、その直線を求める処理を「直線回帰」と呼びます。

＊

「機械学習」では、ある特定の種類分析に必要な関数やその他アルゴリズム一式を、「モデル」と呼びます。

「Pythonプログラミング」では「モデル」を、「クラスのオブジェクト」で表わします。

「scikit-learn」においては、「線形回帰モデル」は、**リスト2-1**のように「Linear《リニアー》 Regression《リグレッション》」というクラスのオブジェクトで与えられます。

リスト2-1　「線形回帰」のモデルは「LinearRegressionオブジェクト」

```
reg = LinearRegression()
```

■ データの準備

このモデルにデータを読ませます。しかし、注意点があります。

今は「Xが0のとき、Yは1」というように、「X」として「スカラー値」を考えました。

しかし、実世界では、あるものごとを1つの数字なんかではとても表わせません。

人を一人表わすのでも、「年齢、住所、職業...」と、複数の要素が必要です。

そこで、「X」の値は必ず「リスト」になります。

値が1個だけの場合も、**リスト2-2**のように「要素が1個のリスト」として記述しないといけません。

リスト2-2　Xの値の記述例

```
datax = [[0], [1], [2], [3]]
```

一方、「y」の値は「0か1か」とか、「確率は何%」のように「スカラー」です。

そこで、**リスト2-2**の各「Xの値」に相当する「yの値」は、**リスト2-3**のように書きます。

リスト2-3　Yの値の記述例

```
datay = [1, 3, 5, 7]
```

これらのデータを用いて、モデルを「学習」させるには、メソッド「fit」を用います。

リスト2-4 これがモデルの学習

```
reg.fit(datax, datay)
```

■ モデルを用いて予測

「学習ずみのモデル」を用いて予測をしてみましょう。

「X」がそれぞれ「0.75」、「1.3」、「2.03」の場合、「Y」はどうなるでしょうか。

リスト2-5 3つのXの値について予測をしてもらう

```
reg.predict([[0.75],[1.3],[2.03]])
```

リスト2-5を出力させるため、リスト2-6のように書きます。

リスト2-6 リスト2-5の結果を書き出す形

```
print(reg.predict([[0.75],[1.3],[2.03]]))
```

実行すると、[2.5 3.6 5.06] が出力されます。

まさに、「2*0.75+1=2.5,2*1.3+1=3.6, 2*2.03+1=5.06」です。

■ 実際どのように使うのか

今は過程を全部知っていますから当たり前のように見えますが、「AIチャットボット」などでは、元のデータやプログラミングは、クラウドの向こうになるので、「0.75」と入力したら、「では明日は2.5になるでしょう」という答えが返されて、「おおっ賢い」と驚くわけです。

図2-4はその役割分担の一例です。

「LinearRegressionモデル」を作り、元データを用いて学習させるところまでは、「AI開発部」のようなところでやります。

「Web開発部」では、このモデルだけを呼び出します。

そして、ユーザーからの入力を受付け、モデルに予測をさせて返すプログラムを作ります。

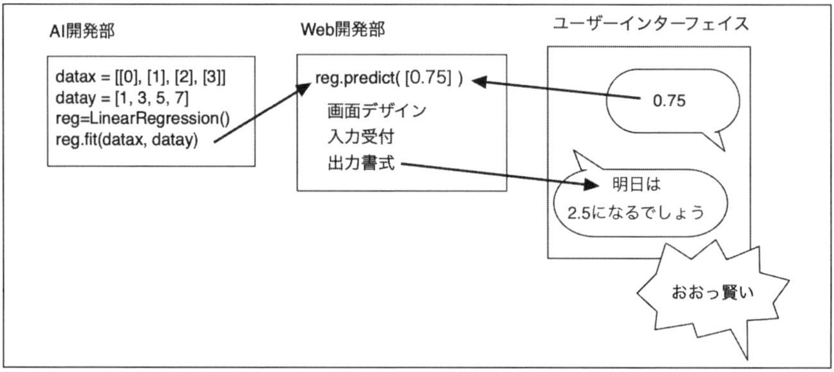

図2-4　AIプログラムがユーザーに予測を与える仕組みの一例

■「分類モデル」の作成と使用

「機械学習」の得意分野には、「予測」のほかに「分類」があります。

「機械学習」の「分類モデル」の中で有名な「サポート・ベクトル・マシン」で「分類プログラム」を書いてお見せしましょう。

何が「サポート」で、何が「ベクトル」なのかは、第5章で実際にコードを書くときに解説します。

まず、「3次元データ」と、その「データ」が所属する「グループ番号」を、**リスト2-7**のように記述します。

リスト2-7　「サポート・ベクトル・マシン」に読ませるデータ

```
data=[
    [[1,2,3],1],
    [[4,5,6],1],
    [[7,8,9],1],
    [[10,20,30],2],
    [[40,50,60],2],
    [[70,80,90],2],
```

```
    [[100, 200, 300],3],
    [[400,500,600],3],
    [[700,800,900],3],
]
```

「リストdata」の要素つは、**図2-5**のような構造になっています。

要素は2つ、「インデックス0」の要素が「3次元ベクトル」、「インデックス1」の要素が「スカラー値」で、「グループ番号」を表わします。

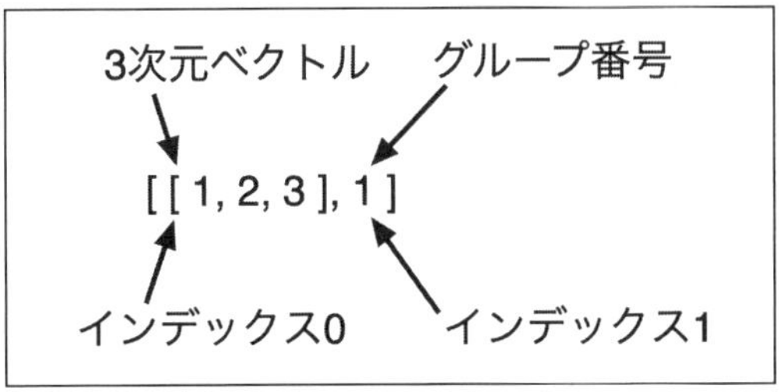

図2-5　「リスト2-7」のデータ構造

さて、先に挙げた**リスト2-7**はどのようなグループか、これもあえて分かりやすい例にしました。

「グループ1」はベクトルの要素がみんな1桁、「グループ2」は2桁、「グループ3」は3桁です。

とすると、人の頭で考えてみましょう。

ベクトル[2, 5, 8]は？グループ1ですね。ベクトル[478, 322, 378]は？グループ3ですね。

では、人の頭では他に説明のしようがないこの分類を、機械学習で行うためのコードをお見せしましょう。

「サポート・ベクトル・マシン」という仕組みによって分類を行なうモデルは、**リスト2-8**のようなSVCクラスのオブジェクトです。

リスト2-8 「サポート・ベクトル・マシン」のモデル

```
clf=SVC()
```

＊

リスト2-7のデータに戻り、これを「datax」と「datay」に分解します。こうした作業も、「データの前処理」です。

リスト2-9 データを分解

```
datax=[d[0] for d in data] #インデックス0を取り出す
datay=[d[1] for d in data] #インデックス1を取り出す
```

学習は、**リスト2-10**のとおりです。

リスト2-10 とにかく学習させる

```
clf.fit(datax, datay)
```

このように、「サポート・ベクトル・マシン」が何か分からなくても、とにかく使えるのがすごくもあり、恐ろしくもあるところです。

もちろん、**第5章**でちゃんと説明します。

では、先ほどの、「[2,5,8]がグループいくつになるか」という分類を、予測させてみましょう。

リスト2-11 「ベクトル・データ」のグループは？

```
print(clf.predict([[2, 5, 8]]))
```

リスト2-11の出力は[1]になり、「グループ1」であると予測してくれます。
リスト2-12だと出力は[3]になります。

リスト2-12 この「ベクトル・データ」のグループは？

```
print(clf.predict([[478, 322, 378]]))
```

■ 分類にもグラフ描画はかなり必要

簡単ですね！

では、「scikit-learnのサイトに載っている、**図2-6 (a)**のような分類図を描くコードはどうなるのでしょうか。

＊

何をどう分類しているかは、あとで考えるとして、この「サンプル・コード」は、**図2-6 (b)**のようになります。長い…しかし、その長いところのほとんどは、先ほど紹介した、「Matplotlib」を用いたグラフ描画と、もっと大事なのは色塗りなのです。。

＊

ですから、**第4章**でキッチリ勉強しておきたいのです。

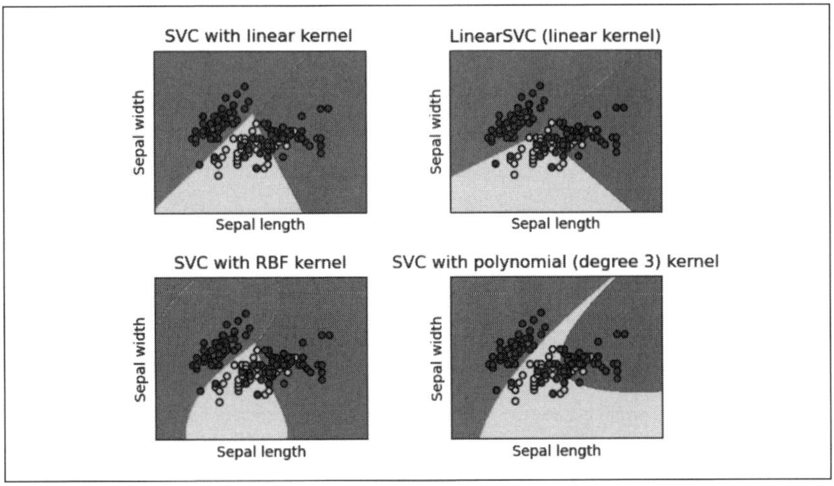

図2-6(a) 意味はともかく、こんな分類図が描いてみたい

```
print(__doc__)

import numpy as np
import matplotlib.pyplot as plt
from sklearn import svm, datasets


def make_meshgrid(x, y, h=.02):
    """Create a mesh of points to plot in

    Parameters
    ----------
    x: data to base x-axis meshgrid on
    y: data to base y-axis meshgrid on
    h: stepsize for meshgrid, optional

    Returns
    -------
    xx, yy : ndarray
    """
    x_min, x_max = x.min() - 1, x.max() + 1
    y_min, y_max = y.min() - 1, y.max() + 1
    xx, yy = np.meshgrid(np.arange(x_min, x_max, h),
                         np.arange(y_min, y_max, h))
    return xx, yy


def plot_contours(ax, clf, xx, yy, **params):
    """Plot the decision boundaries for a classifier.

    Parameters
    ----------
    ax: matplotlib axes object
    clf: a classifier
    xx: meshgrid ndarray
    yy: meshgrid ndarray
    params: dictionary of params to pass to contourf, optional
    """
    Z = clf.predict(np.c_[xx.ravel(), yy.ravel()])
    Z = Z.reshape(xx.shape)
    out = ax.contourf(xx, yy, Z, **params)
    return out


# import some data to play with
iris = datasets.load_iris()
# Take the first two features. We could avoid this by using a two-dim dataset
X = iris.data[:, :2]
y = iris.target

# we create an instance of SVM and fit out data. We do not scale our
# data since we want to plot the support vectors
C = 1.0  # SVM regularization parameter
models = (svm.SVC(kernel='linear', C=C),
          svm.LinearSVC(C=C, max_iter=10000),
          svm.SVC(kernel='rbf', gamma=0.7, C=C),
          svm.SVC(kernel='poly', degree=3, gamma='auto', C=C))
models = (clf.fit(X, y) for clf in models)

# title for the plots
titles = ('SVC with linear kernel',
```

```
          'LinearSVC (linear kernel)',
          'SVC with RBF kernel',
          'SVC with polynomial (degree 3) kernel')

# Set-up 2x2 grid for plotting.
fig, sub = plt.subplots(2, 2)
plt.subplots_adjust(wspace=0.4, hspace=0.4)

X0, X1 = X[:, 0], X[:, 1]
xx, yy = make_meshgrid(X0, X1)

for clf, title, ax in zip(models, titles, sub.flatten()):
    plot_contours(ax, clf, xx, yy,
                  cmap=plt.cm.coolwarm, alpha=0.8)
    ax.scatter(X0, X1, c=y, cmap=plt.cm.coolwarm, s=20, edgecolors='k')
    ax.set_xlim(xx.min(), xx.max())
    ax.set_ylim(yy.min(), yy.max())
    ax.set_xlabel('Sepal length')
    ax.set_ylabel('Sepal width')
    ax.set_xticks(())
    ax.set_yticks(())
    ax.set_title(title)

plt.show()
```

図2-6(b)　長いコードのほとんどは「グラフ描き」と「色塗り」とのため

図2-6(a)の図、および(b)のコードが掲載されているURL

https://scikit-learn.org/stable/auto_examples/svm/plot_iris_svc.html

2-3 「Keras+TensorFlow」で「ディープ・ラーニング」

「画像処理」や「チャットボット」、「人の負担を減らす種々の仕事」など、最近の華々しいAIの成果の多くは、「ディープ・ラーニング」によって達成されています。

また、これらには高度なプログラミングを学ばなければならないのかと思ってしまいますが、すでに実績のあるプログラムは、「フレームワーク／ライブラリ化」されてしまっているので、踏襲するのは案外簡単です。

どのように“ディープ”なのか

「ディープ・ラーニング」と、そうでない「機械学習」の違いは、**図2-1**で説明しました。

＊

しかし、「ディープ」とは何が「深い」のでしょうか。

語感から、コンピュータになにやら深遠な悟りを得させているような気がしてしまいます。

しかし、この「ディープ」という用語は「人工ニューラル・ネットワーク」の「層の重なり」を意味します。

日本では「ニューラル・ネットワーク」とカタカナで書けばもうAIプログラムを指すという暗黙の了解があるようですが、もともとは生物の「神経網」のことです。

ある条件によって特定のニューロンに情報を伝達したりしなかったりという、ニューロンの働きをコンピュータプログラムで模倣したのが「人工」ニューロンで、それらが互いに値をやり取りするのが「人工」ニューラル・ネットワークです。

何に使うのか

「ディープ・ラーニング」の構成要素である「人工ニューラル・ネットワーク」は、元々、手書きの数字を判別するような画像認識から発展してきています。

ですから、まず「画像認識」の花形です。

そして、**第1章**の言語解析デモに見たように、画像の中からオブジェクトを認識するのと似た考え方で、文章からエンティティを認識するのにも活躍しています。

＊

このように、データの中からある「有限の領域」を抜き出すのに、「ディープ・

ラーニング」は適しています。

どのようにプログラミングするのか

そんなものをどのようにプログラミングするのか……

実は、すでに公開されているライブラリを使えば、すぐです。

「ディープ・ラーニング」のライブラリと言えば、最も有名なひとつが「Keras」。

詳細は、**第6章**でたっぷり学ぶとして、ここでは「Keras」のライブラリを用いて、どんなふうにプログラムを書くのか、ザッと示しましょう。

*

リスト2-13、**リスト2-16**は、「Keras」のライブラリをインポートしたと思って読み進んでください。

*

まず、「人工ニューロンのネットワークのモデル」を、1つのオブジェクトとします。

リスト2-13 ネットワークのモデル

```
model = Sequential()
```

「sequential」とは、「加えた順番に層が積み重なる」という意味です。

これに、たとえば**リスト2-14**のように「addメソッド」で「ニューロン層のオブジェクト」を追加します。

リスト2-14 「ニューロン層」を追加

```
model.add(Dense(64, activation='tanh'))
```

Denseというクラスのオブジェクトが、**「全結合型」**という最も基本的なニューロン層です。

「dense」(濃い)という表現は、「前の層のニューロンと後の層のニューロンがピッチリつながっている」という意味です。

なぜこれが基本的かというと、一部つなげないことにすると、「どの一部をつなげないことにするか」で、面倒になるからです。

「Denseオブジェクト」に与えている「引数」の値「64」は、「ニューロンの数」で、このように「2の累乗」で与えるのが普通です。

＊

キーワード「activation」に与えた値'tanh'は、他のニューロンに情報を「送るか送らないか」の閾値《いきち》を示す「活性化関数」です。

前章の「TensorFlow Playground」で、「シグモイド」や「ReLU」と比べてみましたね。

＊

リスト2-14を3回繰り返せば、「3層」になります。
「層」によってニューロン数が変わることもあります。
「活性化関数」が「層」によって変わる例はあまり見られませんが、ダメということもありません。

どのように学習させるのか

モデルの構造を決定したら、以下のようなコマンドで構築します。

リスト2-16　モデルを構築

```
model.compile(loss='mse',optimizer='adam', metrics=['accuracy'])
```

引数が「学習条件」を示しています。
つまり、機械学習プログラミングにおいては、モデルは構造だけでなく、学習方法も含まれるのです。

リスト2-16の引数には、みんなキーワードが付いていますから、それぞれ手短に説明しましょう。

'loss'……　真の値と予測との誤差を求める方法です。

リスト2-16で選んだ' mse' は簡単すぎて今ではあまり使われていませんが、名前を見ればなんとなく分かるので、例にあげました。

「平均2乗誤差」です。

'optimizer'…… 誤差の最小値（正確でなくても現実的に小さいとみなせる）を見積もる方法です。

指定値 'adam' は方法名の略語ですが、今は説明を省略します。

'metrics'…… 精度の評価法です。

指定値 'accuracy' は「正解率」と呼ばれる算出方法です。

複数の算出方法を用いることもできるので、リストの形になっています。

構築したモデルに学習をさせる方法は、たとえば**リスト2-17**のような感じです。

リスト2-17　モデルに学習をさせる

```
model.fit(x_train, y_train, epochs=10)
```

変数「x_train」と「y_train」には、それぞれ学習データが代入されていると思ってください。

キーワード「epochs」は、学習の回数です。

モデルをどのように使うのか

学習させたモデルは、使わないといけません。

たとえば、あるデータのリストを「test_x」で表わすとしましょう。

リスト2-18のようにすれば、「text_x」に対する予測結果が出力されます。

リスト2-18　モデルに予測をさせる

```
model.predict(x_test)
```

簡単ですね！むしろ簡単すぎて何をやっているのかが分からないかもしれません。

画像や言語のデータを分析する中身は、どうなっているのか？

＊

実は、「モデル」は何も考えていません。

ただ、同じ形の関数の、パラメータの大きさを増したり減らしたりして、「今自分が出した予測」と「真の値」との誤差が小さくなるようにしているのです。

自分が分析している対象が「絵なのか、字なのか」などは知らずに、ひたすらパラメータを動かして「誤差」を減らしているのです。

＊

どんなパラメータかは、今書いているプログラムからは見えません。

第6章で説明します。

＊

なお、「ニューロン層」の種類は、「Dense」だけではありません。解析対象が複雑になったり、特定の目的をもっていたりする場合、いろいろな種類のニューロン層が工夫されます。

「Keras」と「TensorFlow」

以上、用いた「Keras《ケラス》」というライブラリのホームページは、以下のURLにあります。

[Kerasのホームページ]

https://keras.io/

しかし、実際は「TensorFlow《テンソルフロー》というフレームワークの上でKerasが動く」形で、「ディープ・ラーニング」のプログラミングをする、というケースが大変多いのです。

＊

そして、「TensorFlow」のホームページでは、初心者にも分かりやすいチュートリアルやコード例が豊富です。

第1章で楽しんだデモ・サイト「TensorFlow Playground」も、「ディープ・ラーニング」を分かりやすく伝えるための活動です。

その「TensorFlow」のホームページは、以下のURLにあります。

[TensorFlowのホームページ]

https://www.tensorflow.org/

そこで以下のチュートリアルで、実際に画像解析をやっているところを、“ガッ”と見てみましょう。

[TensorFlowの初心者用チュートリアルのひとつ]

https://www.tensorflow.org/tutorials/keras/classification

すると、なにやら楽しそうな内容が掲載されています。

図2-7に示すような内容を見ると、「機械学習」ではこんなこともできるのか…と期待されるかもしれませんが、実はこれは「機械学習」の前の、データ処理の技術です。

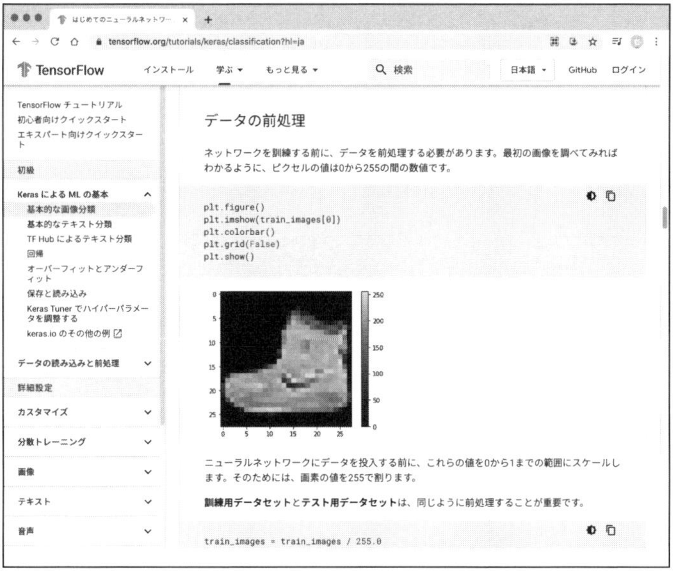

図2-7 「TensorFlow」のチュートリアルページの一つ
実はまだ「ディープ・ラーニング」まで行かない、「データ処理」の段階。

図2-7のような画像の表示も、やっぱり「Matplotlib」です。

＊

以上のように、基本的な機械学習プログラミングには、細かいアルゴリズムを自分で書く必要はなく、標準的な方法がほぼそのまま使えます。

しかし、データをどのように入手し前処理するか、そして分析結果をどのように表現するかについては、どんな初歩的なプロジェクトであっても、自分独自の手法が必要です。

＊

「機械学習」に限らない一般的な配列処理、「バイナリ・データ」の扱い、グラフや画像の作成をするための「Pythonライブラリ」を使えるようになると、やりたいこと、今やっていることが見えてきます。

それができないと、何かにつけてもどかしい思いをするでしょう。

＊

さぁ、そろそろ自分で手を動かしたくなってきたころだと思います。

次章では、「Pythonの開発環境」を実際に導入してみましょう。

サイズは食いますが、最も簡単な方法として、「Anaconda《アナコンダ》」という“オールイン・ワン”の環境を用います。

第3章

「機械学習」のための「Python環境」の構築

「機械学習」の「プログラミング」自体は、「ライブラリ」や「フレームワーク」で“パパっ”と出来そうです。しかし、そこにもっていくデータを処理したり、出てきた結果を表示したりできなければ、何をやっているのか分かりません。

これらも、「Pythonプログラミング」で行ないます。

本章では、その「Pythonプログラミング環境」を構築し、基本的なコードをいくつか実践してみましょう。

3-1 「Anaconda」の「ダウンロード」と「インストール」

Python環境なら、Pythonの開発元のホームページ「python.org」に行くのが正統では…と思うかもしれません。

しかし、実は「実用的なライブラリ」や「補助ソフトウェア」が最初から備わっている、オールインワン環境の「Anaconda」(アナコンダ)がよく使われています。

本書でも、これを用いることにします。

Python環境「Anaconda」とは

「Anaconda」は、次のようなソフトウェアです：

・「インストーラ・ファイル」を1つダウンロードして、ダブル・クリックするだけ。
・Python本体とともに、必要なものも一気にインストールされる。
・「スタート・メニュー」から起動してすぐに使える。

統計でよく用いられる、「R言語」も同様です。

■「Anaconda」のダウンロード

「Anaconda」には、「Windows」「Mac」「Linux」の各バージョンがあります。

以下、Windows環境を中心に説明します。

＊

「Anaconda」のホームページは、以下のURLにあります。

https://www.anaconda.com/

スクリーン・ショットやナビゲーションは、2021年4月におけるもので、後日いろいろとアップデートされていると思います。

ですが、基本的には変わらないはずです。

「Anaconda」には「有料ライセンス版」もあり、我々が利用するのは「無料」で「オープン・ソース」の「Individual（「個人用」のような意味）Edition」です。

上部のメニュー「Products（製品）」を開いて、一覧から選びます。

図3-1　「Anaconda」のホームページ　「Individual Edition」を選ぶ。

「Individual Edition」の紹介ページからずっと下のほうにスクロールしていくと、各OS用の「ダウンロード・リンク」があります。

通常は「64bit版」を選んでおけば問題ありません。

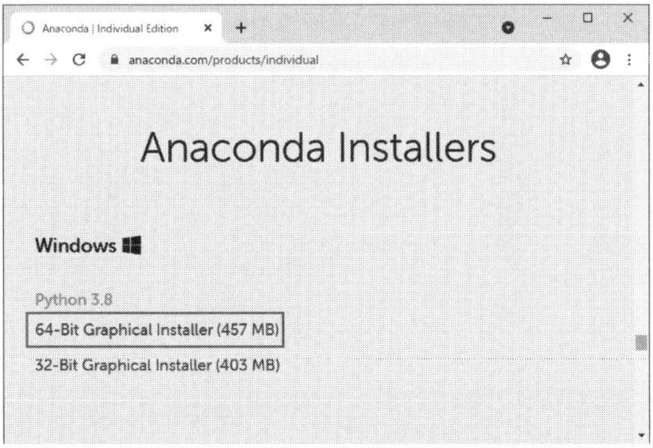

図3-2　「Individual Edition」のWindows「64bit版」インストーラ

これまでの例からすると、「インストーラ」だけで400MBを超えるはずなので、ダウンロードには少し時間がかかるかもしれません。

2021年4月にダウンロードできたのは、**図3-3**のような「2020年11月」リリースのバージョンです。

今ダウンロードして得られるのは、もっと新しいバージョンでしょう。

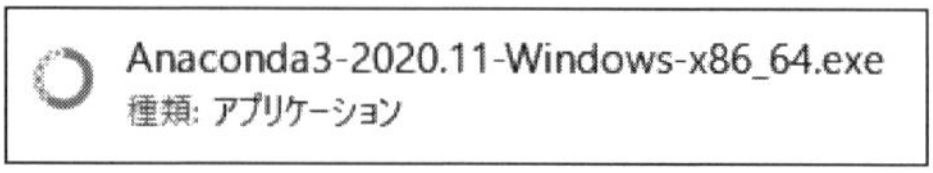

図3-3　入手したインストーラ

＊

インストールの様子を**図3-4**～**図3-5**に示します。

図3-4の各画面では、初期設定どおりに進めてください。

＊

なお、**図3-4**に示した以外の画面も出ますが、重要ではない画面は省略してあります。

[手順]「Anaconda」のインストール

[1]インストーラの最初の画面です。

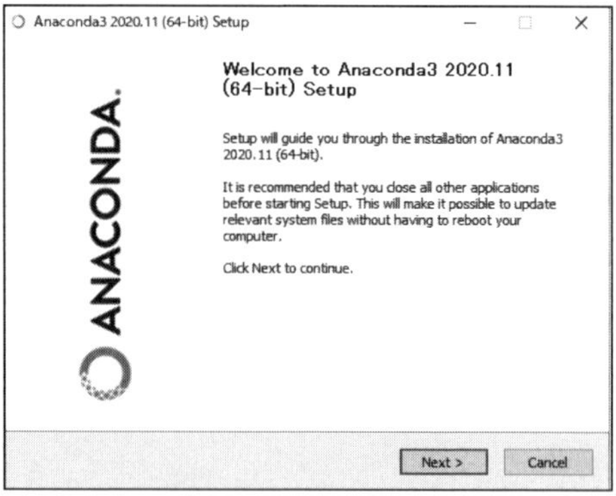

図3-4-1　「Next」をクリック

［2］ライセンス合意。オープン・ソースのライセンス。個人で学習に使うぶんには合意して問題ありません。

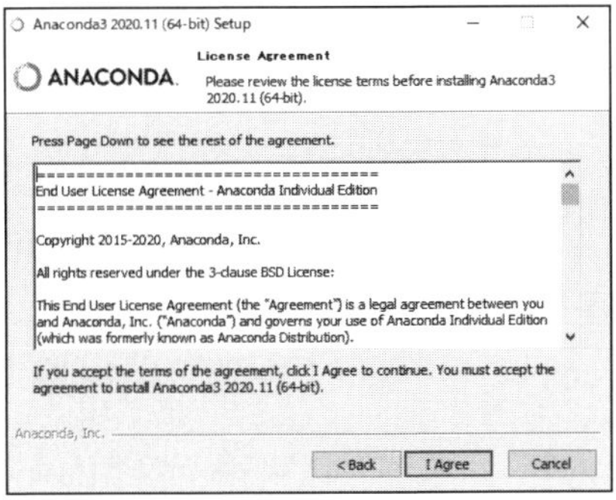

図3-4-2　「I Agree」をクリック

［3］インストールの範囲は「自分だけが使用できる」にすることが推奨されています。そうでないと、アクセス権限がややこしくなります。

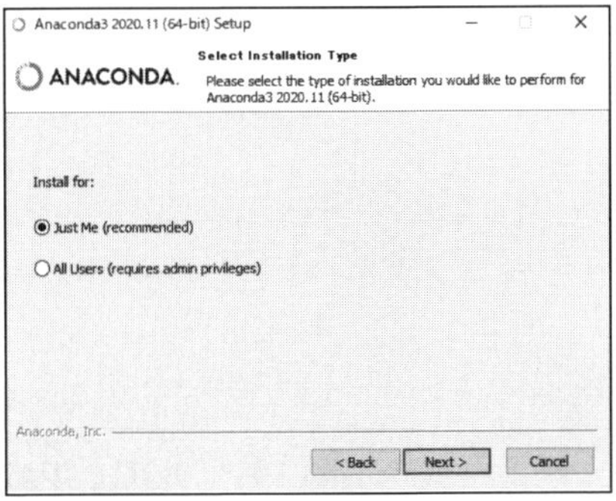

図3-4-3　「Next」をクリック

［4］チェックのあるものもないものも、そのままにして進み、インストールを開始します。

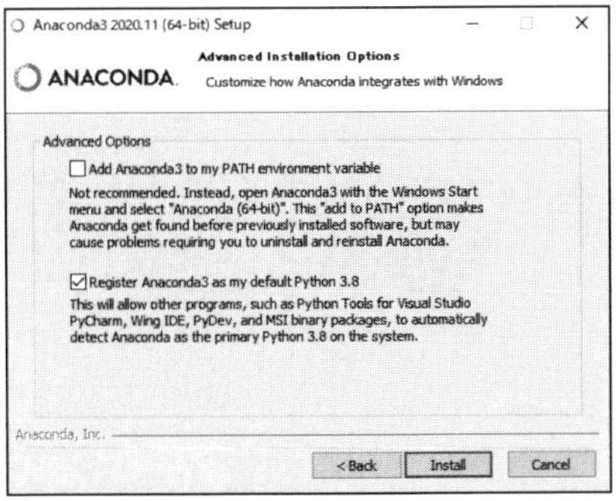

図3-4-4　「Install」をクリック

[5]インストールを開始し、90％進捗くらいで、少し時間がかかります。

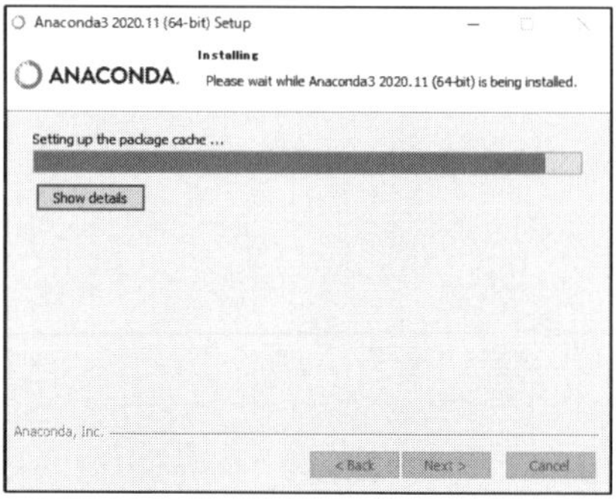

図3-4-5　少し時間がかかるが、待つ

[6]インストールが完了すると、「Next」ボタンが有効になるので、クリックします。

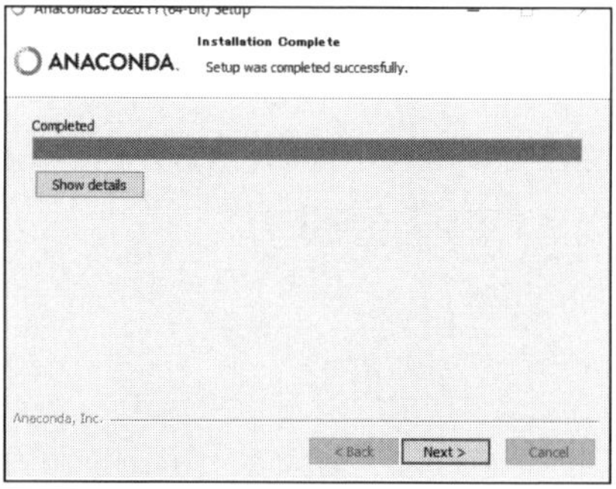

図3-4-6　「Next」をクリック

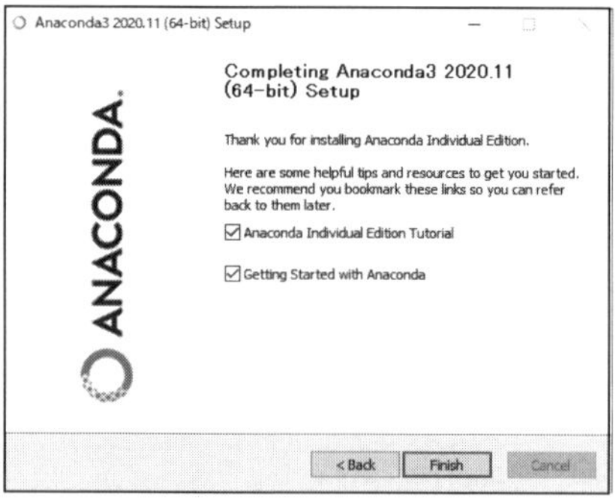

図3-5インストーラの終了画面

「チュートリアル」の表示や「Anaconda」の使用開始についてチェックがある。

最後に出てくる**図3-5**の画面のみ注意してください。

2つの項目にチェックを入れたままだと、2つのことが起こります。

1) ブラウザが自動で起動して、「チュートリアル」などのページが表示されます。
2) 「Anaconda Navigator」という、「管理アプリ」が立ち上がります。

今すぐに「Anaconda」を始めたいのではない場合は、この２つのチェックを外して「Finish」ボタンで終了します。

※なお、Macも、macOS標準のインストーラ形式で、図3-4～図3-5と同じ手順で進めていきます。

どこから始める？

さて、どこから始めればよいかと言えば、**「Windows」の場合**は「スタート・メニュー」の「Anaconda3」から、いろいろ始められます。

一方、**「Mac」**は、「アプリケーション」フォルダにある「Anaconda Navigator」が、唯一の「開始場所」です。

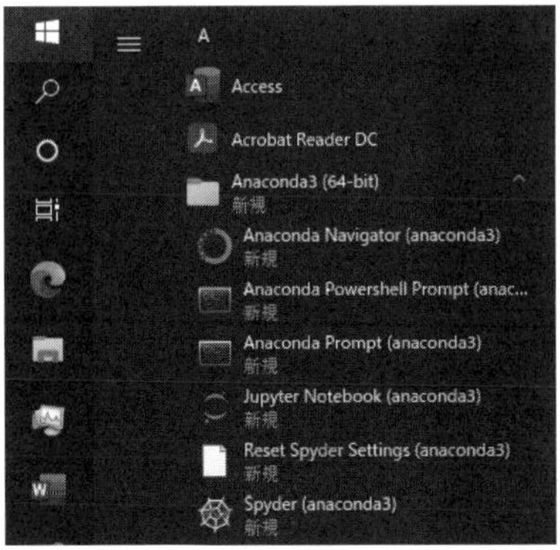

図3-6　Windowsなら、スタート・メニューの「Anaconda3」メニューから始められる

図3-7　Macだと、「Anaconda Navigator」が唯一の開始点

3-2 「Jupyter Notebook」の起動と基本的な操作

いまAI分野で最も使われている「Pythonプログラミング環境」が、「Jupyter Notebook」です。

まさに“パパっ”と書いて、実行して、「良い」とか「ダメだ」とか、検討できるからです。

＊

本書でも、「Jupyter Notebook」上での実行を想定して、話を進めます。

まずは、「起動」や「基本操作」を説明しましょう。

「Jupyter Notebook」とは

「Jupyter」の読み方は「ジュピター」ですが、スペルは木星などを表わす「Jupiter」に、「Python」の「py」をひっかけた形です。

そして、省略するときは「ジュピター・ファイル」ではなく「ノートブック・ファイル」のように呼ばれるのが普通です。

本書では混乱を避けるために「Jupyter Notebookのファイル」のように省略しないで書きます。

＊

「Jupyter Notebook」は「IPython」という「対話的インターフェイス」の発展形です。

「対話的インターフェイス」とは、わざわざファイルを保存してコマンド実行しなくてもいいように、「コマンド・ウィンドウ」に1行打てば、すぐに答えが返ってくるような、「コマンド・ツール」です。

＊

プログラミング言語の多くは、「対話的インターフェイス」を標準で備えています。

Pythonにもありますが、サードパーティである「IPython」は、非常に高機能で、Pythonのコードを書く多くの人に長年親しまれてきました。

その「IPython」の開発チームが、「Webブラウザ」を利用して、「IPython」の機能をもっと視覚的に利用できるようにしたのが、「Jupyter Notebook」です。

ですから、少し古い本などで「IPythonでの実行」と書かれていたら、「Jupyter Notebook」で実行可能と考えてかまいません。

「Jupyter Notebook」の起動

「Jupyter Notebook」の起動手順を紹介します。

[手順]

[1]「Windows」であれば図3-6に示したスタート・メニューから選択できます。図3-8に具体的に示します。

図3-8 Windowsのスタート・メニューにある、「Jupyter Notebook」

[2]選択すると、「コマンド・プロンプト」のウィンドウと、「OS標準のブラウザ」が起動します。

(コマンド・プロンプトのウィンドウは、「Jupyter Notebook」の「内部サーバ」の応答画面です。)

[3]起動したブラウザのアドレスを見てください。「localhost」に接続しているのが分かるでしょう。

「Jupyter Notebook」では、ブラウザに入力したコードを内部サーバに送って、解析したり、実行結果を表示したり、という応答をもらう仕組みなのです。

図3-9　「Jupyter Notebook」では、コマンド画面とブラウザが起動する

「Mac」であれば、図3-7の「Anaconda Navigator」のアイコンから、図3-10のような画面を立ち上げ、そこから「Jupyter Notebook」を選んで起動できます。

この方法は、「Windows」でも使えます。

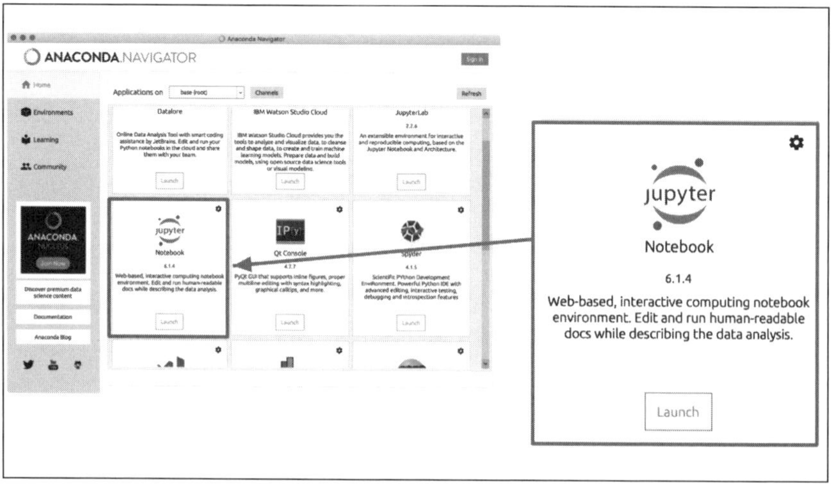

図3-10　「Anaconda Navigator」から「Jupyter Notebook」を起動

「Jupyter Notebook」から、「ファイル」や「フォルダ」を見る

それでは、「Jupyter Notebook」から、「ファイル」や「フォルダ」を覗いてみましょう。

[手順]

[1]起動した「Jupyter Notebook」のブラウザ上の画面では、**図3-11**のようにユーザーの「ホーム・フォルダ」の内容が見えています。

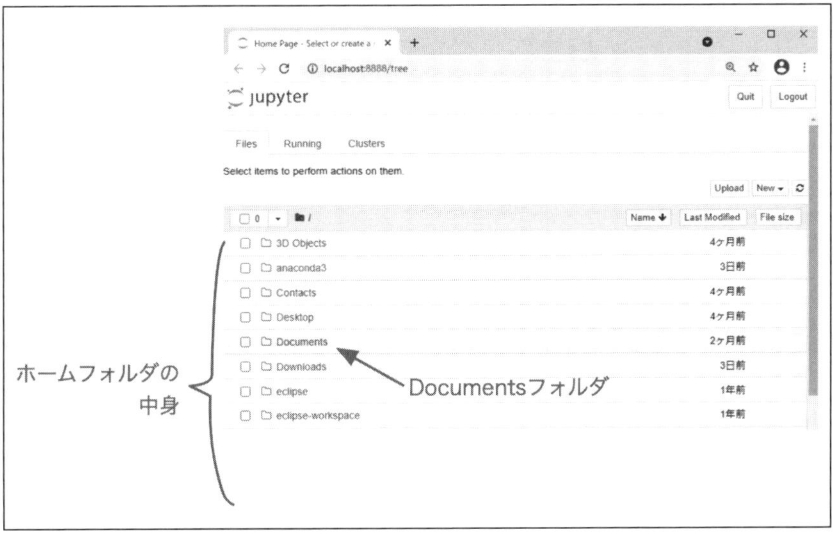

図3-11　ブラウザで見る「Jupyter Notebook」の「ホーム」

[2]**図3-11**で、「Documents」フォルダを開いてみます。

[3]一方で、「ファイル・エクスプローラ」で、「Document」フォルダ内に「myml」フォルダを作っておきます。

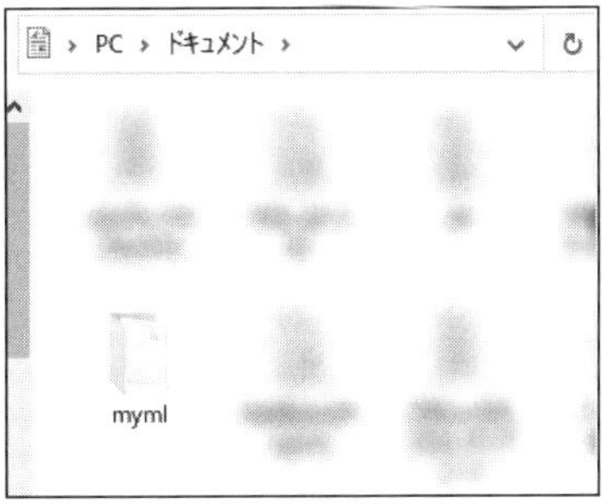

図3-12
「ファイル・エクスプローラ」で「myml」フォルダを作成

[4]**図3-11**に戻って、ブラウザ上の「Documents」という文字を見てください。これは、「Documents」フォルダの内容を表示するページへの「リンク」になっています。

[5]クリックして移動すると、**図3-13**のように「myml」フォルダが見えるはずです。

図3-13 「Jupyter Notebook」で「Documents」フォルダを見る
「myml」フォルダがあるはず。

「Jupyter Notebookファイル」を作成

「Jupyter Notebookファイル」を作ってみましょう。

[手順]

[1] **図3-13**で「myml」という文字をクリックすると、「myml」フォルダを表示するページに移動し、「このフォルダは空です」という表示が出ます。

[2]そこで、ページの右上のほうにある「New」というメニューを開いて、「Python 3」を選びます。

よく見ると、上のほうに小さく「Notebook:」と書いてあり、新しい「Jupyter Notebook」ファイルを作成するメニューであることが分かります。

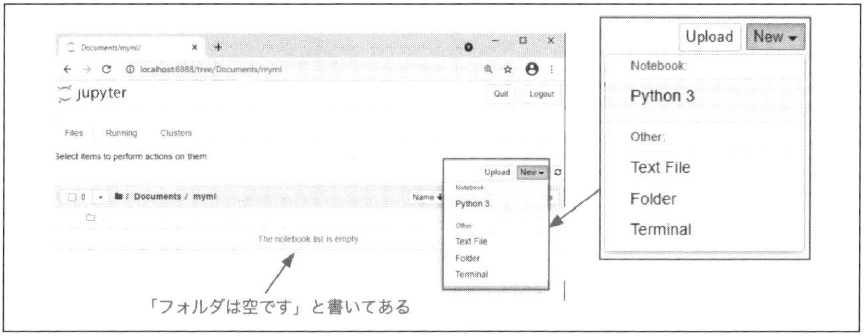

図3-14　空の「myml」フォルダに新しい「Python 3」のJupyter Notebookファイルを作成

これで、**図3-15**のような、入力欄のひとつある画面が開きます。

はじめての「Jupyter Notebook ファイル」です。

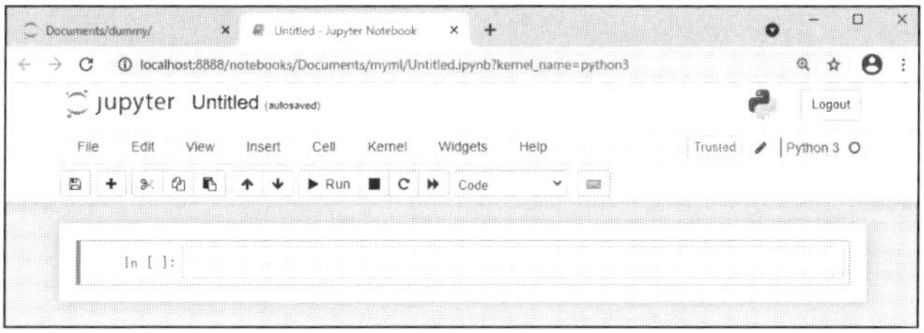

図3-15　初めて開く「Jupyter Notebookファイル」

■ コードを入力して実行する

図3-15の入力欄を「セル」と呼びます。

[3]このセルに、お決まりのPythonコードを、**リスト3-1**のように入力してみましょう。

リスト3-1　お決まりのPythonコード

```
print('こんにちはJupyter')
```

セルの様子は、**リスト3-16**のようになりました。

[4]この内容を実行するには、上部にある「再生」の形のボタンをクリックします。

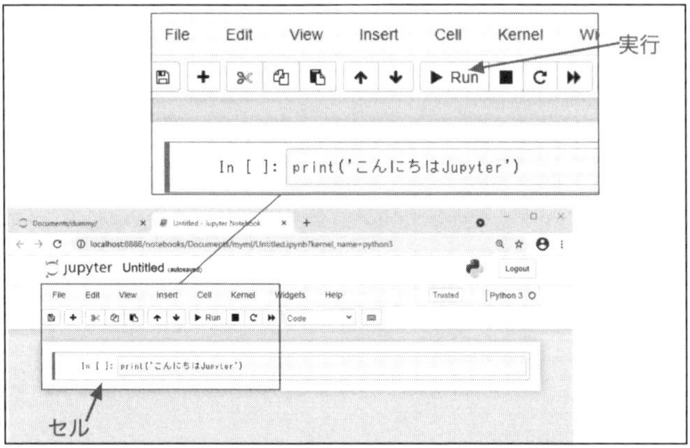

図3-16　入力したセルの様子と、実行のためのボタン

[5]実行すると、以下の変化が起こります。

・セルのすぐ下に、実行結果が出力される
・実行ずみのセルに番号が振られる
・新しいセルが表示される

図3-17に、最初のセルを実行した後の様子を示します。

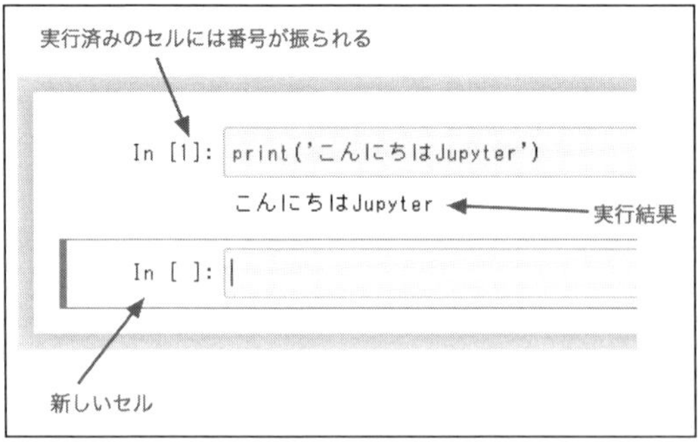

図3-17　最初のセルを実行後

■ 実行を停止する

もし、実行した内容が無限ループにハマるなどして停止したい場合は、「実行」ボタンの隣にある停止ボタンを押します。

実行が終わらない様子を、模倣してみましょう。

＊

図3-17で新しく出てきたセルに、**リスト3-2**のような、意図的な無限ループのコードを入力して実行します。

リスト3-2　意図的な無限ループ

```
while(True):
  x=1
```

リスト3-2は、何も出力させず、ただ黙々と「変数x」を新規作成しては「1」で初期化し続けます。

あまり放置すると、余計なメモリを食いますから、すぐに「停止」ボタンを押します。

実行中は、**図3-18**に示す様子になっているので、この図を見て心に留めておいてください。

＊

- 実行が終わっていないセルの番号の入るところに「*」が表示される
- 新しいセルが出て入力できることもあるが（できないこともある）、実行はできない

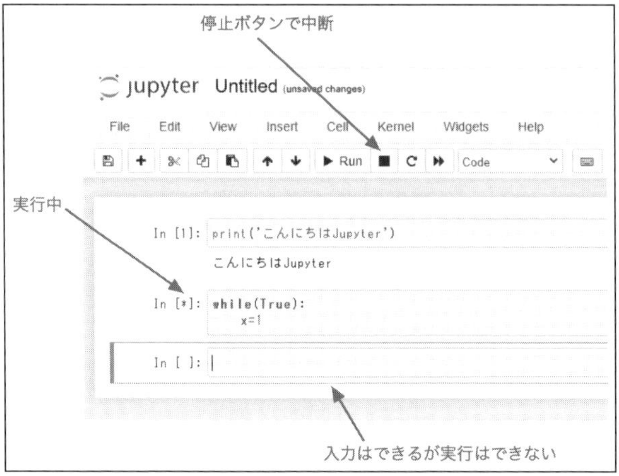

図3-18　実行が終わらない様子。停止ボタンを早めに押す。

停止できると、**図3-19**のように「KeyboardInterrupt」という表示が出ます。

つまり、コマンド・ウィンドウで［Ctrl］+［C］などの中断コマンドを送ったのと同じ信号が送られて実行が中断されたのです。

こうして停止できれば、このセルを修正して再実行することも、次のセルに新たにコードを書いて実行することもできます。

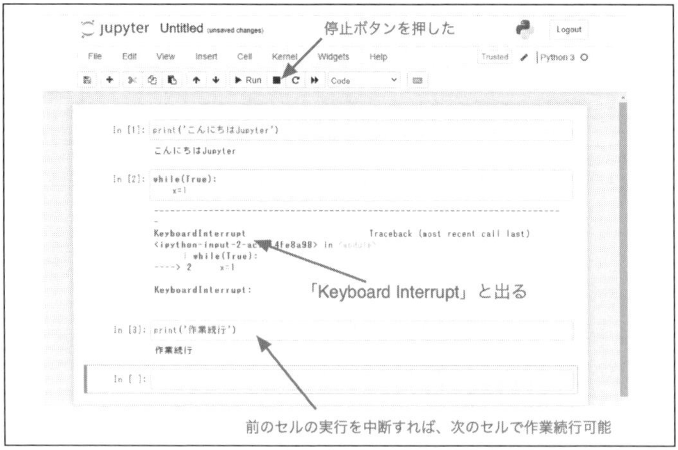

図3-19　停止すれば、次のセルで作業続行可能

■ すでに書いたセルを再利用

前に実行したセルは、何度でも書き直して再使用できます。

＊

図3-19は、今無限ループを出してしまったセルを選択して、まともなコードに書き直したところです。内容は**リスト3-3**のとおり。

リスト3-3　まともなループに書き直してみた

```
x = 0
while(x<3):
  x += 1
print(x)
```

修正すればそのセルが選択されているわけですから、「実行」ボタンを押します。

こんどは、**図3-20**のように、まともな結果が出力されました。

前の出力は置き換えられます。

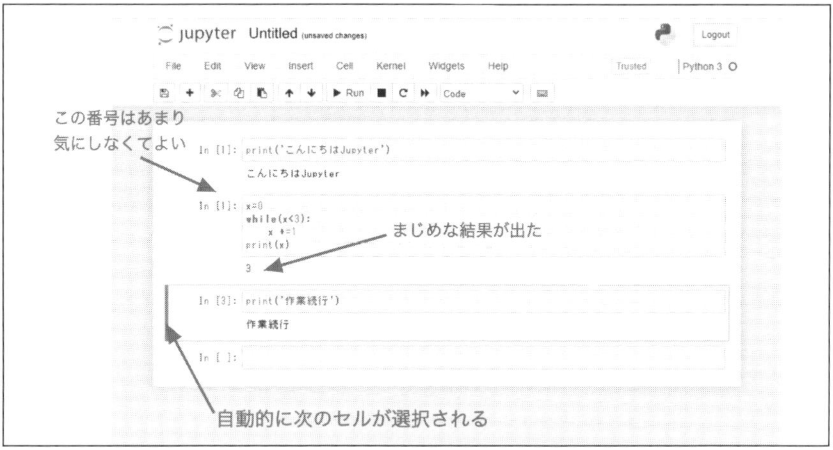

図3-20　前のセルを修正して再実行成功

なお、セルに表示される番号は、あまり気にすることはありません。

実行の順番によってセルの前後が逆になったり、前に起動したときの番号が残っていたりします。

■ なんだか挙動がおかしいとき

「Jupyter Notebook」は高機能なので、「実行」「停止」を繰り返したり大量の計算を続けたりすると、挙動がおかしくなることがあります。

たとえば、どう考えても正しいコードを入力しているはずなのに、一度出たエラーメッセージが梃子《てこ》でも消えないような場合です。

その場合は、停止ボタンの隣にある「再起動」ボタンを押します。

これは「Jupyter Notebook」のコード解析や実行を行なうプログラム（IPython カーネル）の再起動です。

これをやると、今までの実行結果は全部消えてしまいますが、入力は残っているので、必要なセルを実行し直します。

図3-21　実行・停止・再起動のボタン

■ ファイルの名前を変更

「Jupyter Notebook」のファイルを作成すると、すぐにセルのあるページが開いて実行できますが、ファイルの名前は「Untitled」（タイトル無し）になっています。

この名前を意味のあるものに変更するときは、図3-21のようなボタンが並んでいる場所の、さらに上部にあるメニューで、「File」→「Rename」を選びます。図3-22のとおりです。

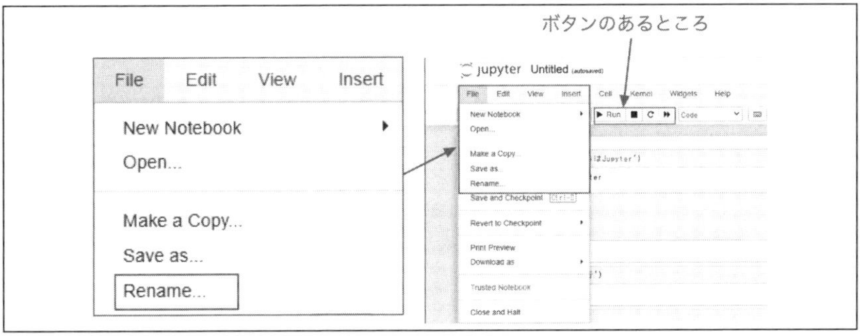

図3-22　名前を変更するためのメニュー

画面の上部に、名前を入力するためのウィンドウが出ます。

図3-23では、「JNTest」という名前を入力したところです。「Rename」ボタンで確定します。

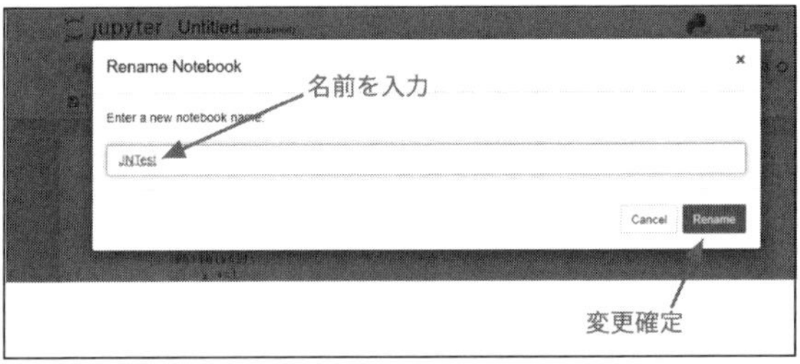

図3-23　新しい名前を入力

■ セルに入力した内容を保存

セルに入力した内容は、実行すれば保存されます。

しかし、実行する前に保存しておきたいときには、ボタンの並んでいる場所のいちばん左端にある「保存」ボタンで、すべての記入内容が保存されます。

実行結果も、文字として保存されます。

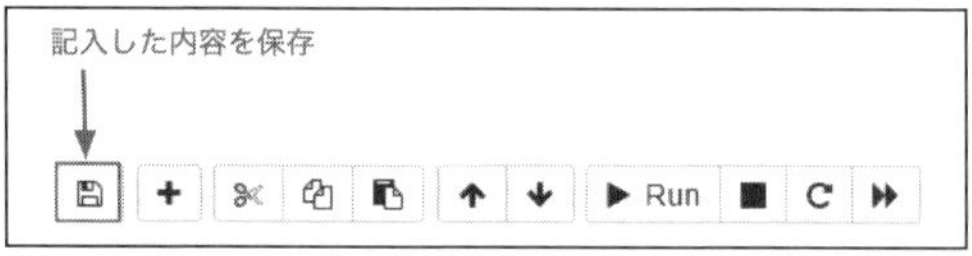

図3-24 記入した内容を保存

■「Jupyter Notebook」を終了

「Jupyter Notebook」はわりと気軽に終了できます。

＊

[手順] 「Jupyter Notebook」の終わり方

[1]まず、「ブラウザ」、次にサーバの応答を示す「コマンド・ウィンドウ」を閉じます。

[2]「Anaconda Navigator」から起動した場合は、それも閉じます。

※一度閉じると、次に開いたときには、最初から必要なセルを実行する必要があります。

＊

以上が、最低限の「Jupyter Notebook」の操作方法でした。

他のボタンやメニュー項目は、本書の中で使うことがあったらご紹介します。他はみなさんでお試しください。

3-3 「機械学習」でよく使う「ライブラリ」

「Anaconda」をインストールして、「Jupyter Notebook」を使ってコードも打てるようになりました。

本章の最後に、「機械学習」でよく使うライブラリを、「Jupyter Notebook」上で少し使ってみましょう。

これらは、「Anaconda」ではすでにインストールされています。

「配列」や「数学的関数」が扱える「Numpy」

「機械学習」でよく使うライブラリは、「Numpy《ナンパイ》」でしょう。

「配列」、それからPythonの標準ライブラリにはない「数学的関数」を備えています。

積極的に「Numpy」をバリバリ使うということがなくても、「scikit-learn《サイキット・ラーン》」や「TensorFlow《テンソルフロー》」などで、「Numpy」の配列や関数を使うことが前提になっていることが多いので、避けては通れません。

■(1)Numpyをインポート

「Numpy」関係のいろいろなライブラリをインポートするには、**リスト3-4**のような形でインポートするのが、ほぼお決まりです。

リスト3-4　Numpy関係をいろいろとインポートする

```
import numpy as np
```

「Jupyter Notebook」で、一つのセルに**リスト3-4**のように書いて実行すると、何も出力せずに終わります。

■(2)よく使うNumpyの関数

あるセルに書いて実行した内容は、次のセルで使えます。

別のセルに、**リスト3-5**のように書いてみましょう。

「Numpy」で非常によく使う「arange」という関数です。

一般的には「numpyというモジュールのarangeという関数」という意味で「numpy.arange」と呼びますが、リスト3-4で「numpy」を「np」と呼ぶことにしてあるので、**リスト3-5**のように「np.arange」と書きます。

リスト3-5 Numpyでよく使う関数「arange」

```
X=np.arange(1., 2.5, .5)
print(X)
```

リスト3-5の関数arangeに渡した引数は3つで、順に1.0を省略した「1.」,「2.5」, 0.5を省略した「.5」です。

実行すると、**実行例3-5**が得られます(実行例の番号はプログラムリストの番号に合わせます)。

[実行例3-5]

```
[1. 1.5 2. ]
```

＊

「arange」は、「arrange」ではなく、「array」と「range」を意味する名前です。

関数arangeで得られるのは、やはり「Numpy」で定義してある「ndarray」というデータ型の「配列オブジェクト」です。

＊

リスト3-5で与えた引数にはキーワードはなく、順番で区別します。

順に、以下の意味をもちます。

①始点(含む) ②終点(含まない) ③間隔の大きさ

これらの引数に与えた条件に従って、数値の配列を作成します。

リスト3-5では、「1」から「0.5」ずつ増やして、「2.5」になったらそれは採らずにやめるので、「1」,「1.5」,「2.0」の3つの数値が要素になります。

図3-25をみてください。**リスト3-4**と**リスト3-5**を別のセルで実行した様子です。

リスト3-4を実行しないと、**リスト3-5**で入力した「np」は認識されずエラーになります。

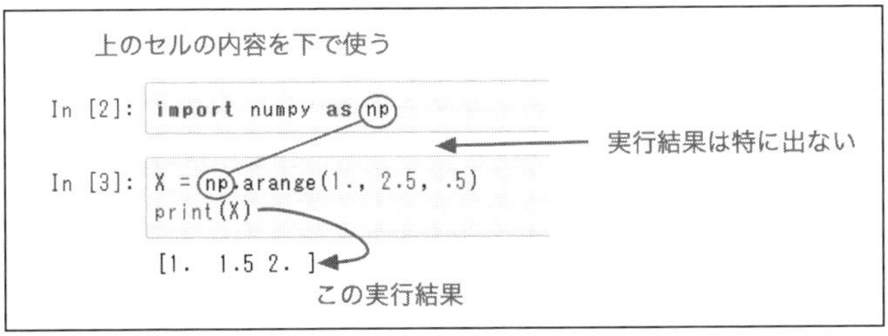

図3-25　numpyのインポートと関数の使用を、別のセルで行なった

図3-21で示したように、「IPythonカーネル」を再起動したり、一度「Jupyter Notebook」を終了させたりすると、また**リスト3-4**を再実行しないとリスト3-5はエラーになります。

すぐに慣れるとは思いますが、最初のうちは注意が必要です。

＊

「関数arange」は、関数の定義域を作るのによく用いられます。

同じように、「linspace」という関数もあります。**リスト3-6**のように用います。

リスト3-6 関数linspaceを用いる

```
X1=np.linspace(1, 10, 20)
print(X1)
```

[実行例3-6]

```
[ 1.          1.47368421  1.94736842  2.42105263  2.89473684  3.36842105
  3.84210526  4.31578947  4.78947368  5.26315789  5.73684211  6.21052632
  6.68421053  7.15789474  7.63157895  8.10526316  8.57894737  9.05263158
  9.52631579 10.        ]
```

「関数linspace」の３つの引数は、それぞれ、始点（含む）、終点（含む！）、ステップ数（ゆえに整数）です。

つまり、**リスト3-6**では、「1」から「10」までを20等分した20個の数値からなるndarray型の配列が得られました。

「linspace」は、むしろグラフを書くときのグリッドの分割などに用いられます。

＊

実は、以下のように名前を「qqq」にしても、プログラムとしてはちゃんと動きます。

```
import numpy as qqq
X = qqq.arange(1., 2.5, .5)
```

しかし、他の人が読んだときに、違和感を感じるでしょう。広く親しまれている名前「np」を用いるのが効率的です。

データの観察・出力に便利なPandas

「Pandas」は、「表」(テーブル)のさまざまな表現を可能にするライブラリです。

■(1)データの準備

たとえば、**リスト3-7**のようなデータを作ってみましょう。これらはPythonの標準の「リスト」型です。

リスト3-7　Pythonのフツーのリストで作る一連のデータ

```
size = ["SS", "S", "M", "L", "LL"]
width = [3.5, 4, 5, 6, 8]
height = [1.8, 2, 2.5, 2.8, 3.2]
```

■(2)「Pandas」のインポート

続いて「Pandas」関係のライブラリのインポートです。

「numpy」は「np」と置きました。

「Pandas」は**リスト3-8**のように名前を「pd」と置くのが一般的です。

リスト3-8 「Pandas」の一連のライブラリをインポート

```
import pandas as pd
```

■ (3) 代表的なデータ型「DataFrame」

「Pandas」では、「DataFrame」というデータ型が表であり、プログラミングの中心です。

「DataFrame」は、**リスト3-9**のように作ります。

リスト3-9 「DataFrame型」のオブジェクトを作る

```
df = pd.DataFrame(data = [width, height],
                  index=['width', 'height'],
                  columns = size)
print(df)
```

リスト3-9では、3つのキーワード付き引数に値を渡しています。

data:表にしたいデータです。**リスト3-7**のwidth,heightの2行からなる配列を渡しています。

index:表見出しです。この場で文字列'width', 'height'からなるリストを作り、渡しています。

columns:列見出しです。**リスト3-7**のsizeを渡しています。

リスト3-9を実行すると、以下の実行例のように、整った形で出力されます。

[実行例3-9]

```
         SS  S    M    L   LL
width   3.5  4  5.0  6.0  8.0
height  1.8  2  2.5  2.8  3.2
```

■ (3)「DataFrame」のメソッド

「Numpy」では、オブジェクトを作らず、関数を用いるのが主です。

しかし、「Pandas」では、「DataFrame」オブジェクトに、いろいろな操作や抽出表示をするメソッドを備えています。

今のところは、2つほど例を挙げておきたいと思います。

たとえば、**リスト3-10**のメソッド「transpose」は、「行」と「列」を入れ替える「転置」です。

リスト3-10 「DataFrame」の関数「transpose」

```
t_df = df.transpose() #転置してできた新しいDataFrame
print(t_df)
```

[実行例3-10]

```
    width  height
SS    3.5     1.8
S     4.0     2.0
M     5.0     2.5
L     6.0     2.8
LL    8.0     3.2
```

リスト3-11のメソッド「head」では、最初の何行かを表示させます。

リスト3-11には、引数に「2」を渡してあるので、最初の2行ですが、行見出し・列見出しも表示されます。

リスト3-10で作った「t_df」の行数が多いので、これに対して用いています。

リスト3-11 「DataFrame」の関数「head」

```
print(t_df.head(2))
```

[実行例3-11]

```
    width  height
SS    3.5     1.8
S     4.0     2.0
```

*

以上、「Pandas」の「DataFrame型」はあまりにも有名なので、Pythonの技術文書などに「DataFrame」または「データフレーム」と書かれていたら、十中八九「Pandas」のこの型を指していると考えることができます。

「Pandas」も、「scikit-learn」や「TensorFlow」を用いていく中で、いろいろと呼ばれますが、我々のほうで工夫を凝らして「DataFrame」を作り、関数を駆使する…ということはあまりやりません。

自分でコードを書いていかなければならないのが、3つ目の頻出Pythonライブラリ、「matplotlib」です。

これについては、次章で少し詳しくやりたいと思います。

第4章

「Matplotlib」でグラフを自由自在

第2章から、「サンプル・コード」上では数字ばかり見てきました。

一方、世の中では「機械学習」の「サンプル・コード」のかなりの量が、実は「結果の描画」に費やされている、という現実も見ました。

そこで、「グラフ描画」の力をつけておきたいと思います。

「Python」の定番グラフ描画ライブラリ、「Matplotlib」を使いこなせるようにして、後半の「機械学習の実践」に備えておきます。

4-1 tanh、シグモイド、ReLU

前章で３種類の関数「tanh」「シグモイド」「ReLU《レルー》」のグラフをお見せしましたが、これらを題材に「Matplotlib」におけるグラフの書き方、「Numpy」による配列の処理、などの基本を身につけましょう。

「Matplotlib」とは

「Matplotlib《マットプロットリブ》」の「Mat」は、「Math」を示します。

グラフを描画するための「クラス」や「メソッド」、「関数」が豊富に揃った「ライブラリ」です。

「Anaconda《アナコンダ》」をインストールすれば、最初からインストールされています。

また、結果のグラフは「Jupyter Notebook」にそのまま表示されるので、大変楽です。以下のホームページに、たくさんの「解説文書」や「サンプル」が掲載されています。

［Matplotlibのホームページ］

https://matplotlib.org/stable/index.html

本章では、その中から、本書の実践に必要なテクニックを厳選して、紹介していきます。

■「Matplotlib」のインポート

表題に「Matplotlibのインポート」と書きましたが、実は「Matplotlib」にはいろいろなライブラリがあります。

その中でも、グラフ描画のためのライブラリ「pyplot」をインポートするのが普通です。

＊

「Jupyter Notebook」のセルに、リスト4-1のように書きます。

リスト4-1 「matplotlib.pyplot」のインポート

```
import matplotlib.pyplot as plt
```

ここで「matplotlib.pyplot」の名前を「plt」と置きましたが、「pp」と置くこともあります。

この2つの名前がよく知られています。本書では「plt」にします。

リスト4-1を実行しておくと、このあとのセルで、みな「plt」という名前が有効になります。

■「tanh曲線」のグラフ

実は、**第1章**の**図1-27**で、「活性化関数」として示した「tanh」「シグモイド」「ReLU」のグラフも、「Matplotlib」を用いてパパっと描画したものです。

「tanh曲線」を描くには、「Numpy」の関数「tanh」がそのまま使えます。

そこで、**リスト4-2**のように書きます。

※なお、「Numpy」をインポートして名前を「np」とするリスト3-4は、実行ずみとします。

リスト4-2 「Numpy」の関数「tanh」を用いる

```
X= np.arange(-6, 6, .01)
TH = np.tanh(X)
```

リスト4-2で、「X」は「−6以上6未満」の範囲を「0.01」ずつ区切って得られる「ndarray型」の配列です。

なんと、その個数は「1200個」になります。

次に、「TH」を見てください。「np.tanh」という関数を使っていますが、引数には、個数が1200個もある「配列X」をそのまま入れてしまっています。

戻り値は、1つ1つの要素を「tanh関数」に入れた出力の配列です。

このような使い方がほぼ当然とされているのが、「Numpy」の世界なのです。

※ちなみに、次のセルにリスト4-3を書いて実行してみましょう。

リスト4-3　THの個数を調べる

```
print(TH.size)
```

リスト4-3で、「TH」は「Python」のリストではなく、「Numpy」の「ndarray型」で、これには「size」というメソッドが備わっています。

*

実行すると「1200」と出ます。

しかし、**リスト4-4**のように書いて実行したら収拾がつかなくなるのでは…いえ、大丈夫です。**[実行例4-4]**のように、概略が書かれます。

「0.999」いくつの値ばかりなので、あまり得られる情報はありませんが、少なくとも「X」の要素が処理された結果だ、ということは分かります。

リスト4-4　THの中身を調べる

```
print(TH)
```

[実行例4-4]

```
[-0.99998771 -0.99998746 -0.99998721 ...  0.99998695  0.99998721
  0.99998746]
```

ここまでで「Numpy」のゴージャスさが実感できたと思います。

「Matplotlib」でも、これを利用します。

リスト4-3、**4-4**はおまけなので、実際には**リスト4-2**に続いて、**リスト4-5**を書くことになります。

リスト4-5　「matplotlib.pyplot」で描画

```
plt.plot (X, TH)
plt.show()
```

リスト4-5では、まず「pyplot」の関数「plot」を呼び出しています。

引数は順番に、x軸方向にプロットする座標の配列と、それに対するy座標の配列です。そして、関数「show」を呼びます。

リスト4-5を実行すると、もうグラフが描画されます。これまでの実行の様子を、**図4-1**に示します。

■ グラフのちょっとした修飾

「Matplotlib」を使うと、こんなに簡単にグラフが描けます。

ただ、ちょっと見にくいですね。少し修正しましょう。

[線幅を太くする]　グラフの線幅を太くするには、関数「plot」にキーワード引数「lw」を加えます。

リスト4-6　関数「plot」の引数「lw」で線幅を指定

```
plt.plot (X, TH, lw=2)
```

[グラフにマス目を入れる]「tanh」の負から正への立ち上がりが、x座標のどこで起こっているか見やすくするために、マス目（グリッド）を入れます。

それには、**リスト4-7**のように、関数「grid」を用います。

リスト4-7　関数「grid」で線幅を指定

```
plt.grid (True)
plt.show()
```

リスト4-6および**リスト4-7**については、「Jupyter Notebook」上での作業なら**リスト4-5**を書き直す必要はありません。

別のセルに書けばよいのです。

リスト4-2まで実行ずみであれば、「plt」も「X」も「TH」も認識されています。

リスト4-6とリスト4-7をこの順に実行すると、図4-2のようなグラフになります。

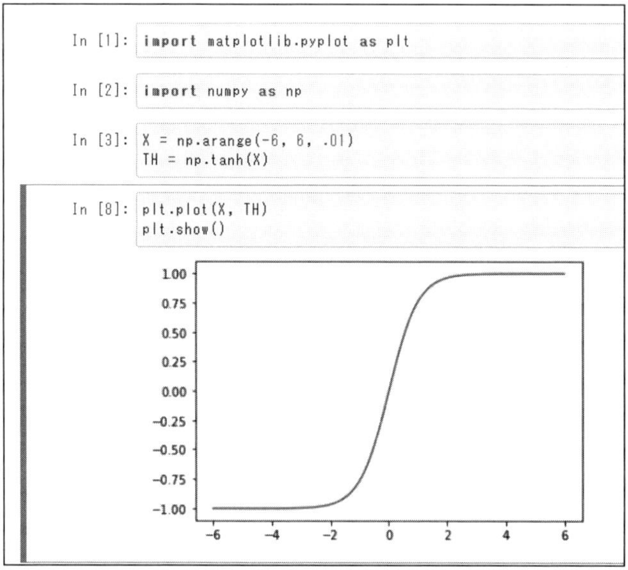

図4-1　「Jupyter Notebook」上で、「tanh」のグラフを描画

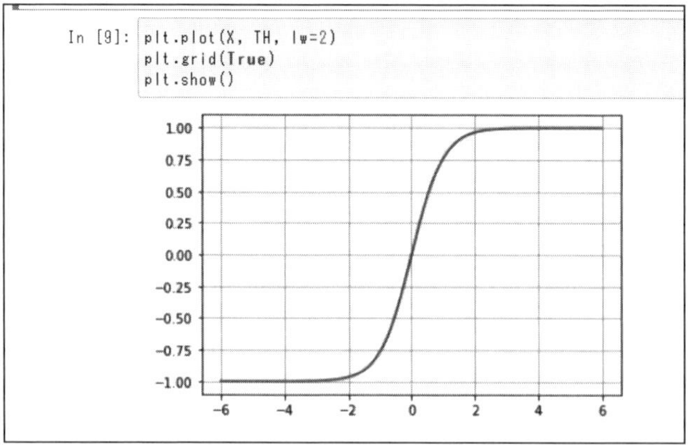

図4-2　図4-1の「tanh」のグラフを改良

シグモイド曲線のグラフ

「シグモイド」という呼び方は、関数そのものではなく、S字型の関数の総称です。しかし、最も有名なのが、「ロジスティック関数」と呼ばれる、以下の数式です。

[数式1　ロジスティック関数]

$f(x) = 1/(1+e^{-x})$

S字型ですから、実は「tanh」関数も「シグモイド」と呼べます。

しかし、特に機械学習においては、「TensorFlow Playground」でも見たように、「tanh」は「シグモイド」と区別や比較されることが多いのです。

AIフレームワークなどでは、「シグモイド」がライブラリで備わっていますが、いまは自分でグラフを書いているだけなので、**リスト4-8**のように、関数も自分で書きます。

リスト4-8　関数「sigmoid」(実はロジスティック)

```
def sigmoid(x):
    return 1. / (1. + np.exp(-x))
```

リスト4-8では、式中の「1」を「1.」と書いて、小数にしています。そして、「自然対数指数関数」には、「Numpy」の関数「exp」を用いています。

リスト4-2から使っている「X」を、ここでも**リスト4-9**のように用います。

「pyplot」の「grid」関数は毎回用いる必要があります。

しかし、「grid」関数は1回でいいのか毎回使うのかというようなことは、意識して覚えておかなくとも、「Jupyter Notebook」上であれば何度でもやり直せます。

リスト4-9　関数「sigmoid」をグラフで描画

```
S = sigmoid(X)
plt.plot(X, S, lw=2)
plt.grid(True)
plt.show()
```

出力結果は、すでに**図1-27**に示したとおりです。

■ ReLU関数

「ReLU」という関数も総称ですが、最も典型的なのが、「x」が正であれば「y = x」、「x」が負であれば「y = 0」という関係です。

プログラムで書く関数は、**リスト4-10**のようにとても簡単です。

リスト4-10　関数「reLu」

```
def reLu(x):
    if x<0.0:
        return 0
    else:
        return x
```

しかし、「if文」が入った関数の引数について、「Numpy」の配列を一気に与えることはできません。

リスト4-11　「if文」を使う関数「reLu」の引数には「配列」を与えられない

```
RL = reLu(X) #これはだめ
```

そこで、**リスト4-12**のように、一度Pythonのフツーのリストにします。

このまま引数にもできますが、**リスト4-12**では「Numpy」の「ndarray型」に変換しています。

リスト4-12　Pythonのリスト内包表記を用いる

```
RL =np.array( [reLu(x) for x in X]) #ndarrayに変換するのも簡単
plt.plot(x,RL , lw=2)
plt.grid(True)
plt.show()
```

出力結果は、図1-27に示したとおりです。

非常に簡単ですね！
これを知っているかいないかで、「Python人生」はだいぶ違うのではないでしょうか？

では、もっと描画の表現を広げてみましょう。

4-2　複数のグラフを表示

「Matplotlib」を「Jupyter Notebook」上で使うとものすごく簡単にグラフが描けることが実感できましたね。

しかし、実際には、複数のグラフを合わせたり並べたりすることが多いと思います。
4-1節で3つのグラフを得ましたので、これらを使って複数表示を行なってみましょう。

複数のグラフを合わせる

複数のグラフを１つのグラフに書いてみましょう。

＊

まず、このままだと「reLu」関数の「y」の値が突出して大きくなるため、リスト4-13で、x座標の範囲を少し小さくした「X1」「TH1」「S1」「RL1」を作ります。

リスト4-13 x座標の範囲を少し小さくする

```
X1=np.arange(-2, 2, .01) #範囲を小さくした
TH1=np.tanh(X1)
S1=sigmoid(X1)
RL1 =[reLu(x) for x in X1]
```

3つのグラフを重ねるプロットは、ただ3回続けて書くだけです。

しかし、キーワード引数「label」によって、グラフに「ラベル」を付けられます。

リスト4-14 ただ続ける

```
plt.plot(X1, TH1, label='tanh')
plt.plot(X1, S1, label='sigmoid')
plt.plot(X1, RL1, label= 'ReLU')
```

「ラベル」を付けると良いことが1つあります。

グラフに凡例を出せるのです。

地図などにも見られる「凡例」英語では「legend」と呼ぶことは、世の中であまり知られていないのではないでしょうか。

「pyplot」でも凡例を表示するには、関数「legend」を呼びます。

リスト4-15 凡例を表示する

```
plt.legend()
```

グラフに「x軸タイトル」、「y軸タイトル」と、グラフ全体の「タイトル」を作りましょう。

「pyplot」では、x、y軸については「軸ラベル」と呼び、「タイトル」というとグラフ全体の「お題」のことになります。

それぞれ、関数「xlabel」「ylabel」「title」に文字列を渡します。

リスト4-16 軸ラベルとタイトル

```
plt.xlabel('x')
plt.ylabel('f(x)')
plt.title('Activaion Functions')
```

これまでどおり、グリッドを有効にして、表示します。

リスト4-17 あとはこれまでどおり

```
plt.grid(True)
plt.show()
```

図4-3が出力されたグラフですが、3つの関数についてy座標の範囲を揃えたので、「シグモイド関数」がかなり「のっぺり」に見えます。

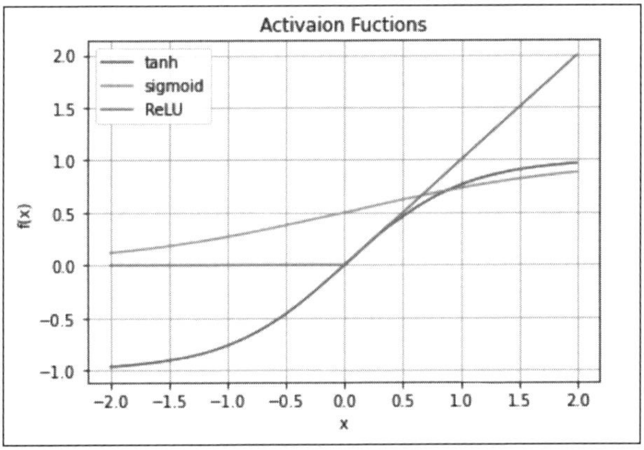

図4-3 3つのグラフを重ねる

複数のグラフを並べる

複数のグラフを並べるには、「subplot」という関数で、全体画面の中の小さな画面を得ます。

たとえば、1行3列に並べるなら、**リスト4-18**のように「1行3列」中の「1列目」として、あとはこれまでどおりにします。(これはまだセルに書かないでください)

リスト4-18 「1行3列」中の「1列目の」サブプロット(まだ見るだけ)

```
plt.subplot(131) #「1行3列」の「1列目」
plt.plot(X, TH)
plt.xlabel('tanh')
plt.ylabel('f(x)')
plt.grid(True)
```

ただし、3つのグラフを横並びにするには、全体を少し横長にするのがいいでしょう。

「pyplot」では、グラフの画面の大きさをインチで指定できます。初期設定は「幅6.4」、「高さ4.8」です。

ディスプレイ上なので、換算するには画面解像度(初期設定は100dpi)を用いればよいのですが、見やすくしたいだけなら、これまで描いてきたグラフの大きさから相対的に考えればいいでしょう。

よく使われるのは、3つ横並びならば「幅9」、「高さ3」です。

全体の大きさを得る「figure」関数の、キーワード引数「figsize」に値を渡します。

*

以上、全体的に、**リスト4-19**のように書きます。

3つのy座標の範囲を揃えなくてもよいことにして、**図4-1〜4-3**で用いた「X」「TH」「S」「RL」を再び用いています。

リスト4-19 3つのグラフを横並びにする

```
plt.figure(figsize=(9,3)) #全体の大きさを設定


#ここにリスト4-18を書く


#2列目・3列目にはy軸ラベルを置かないことにする
plt.subplot(132)
plt.plot(X, S)
plt.xlabel('sigmoid')
```

```
plt.grid(True)


plt.subplot(133)
plt.plot(X, RL)
plt.xlabel('ReLU')
plt.grid(True)

plt.suptitle('Activation Function') #全体の上部に置くタイトル
plt.show()
```

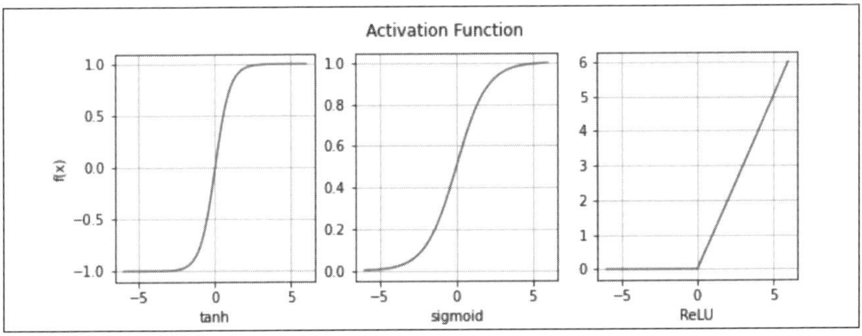

図4-4　3つのグラフを並べる

4-3　散布図

機械学習の本番では実際に得られたデータを使いますから、それらは「散布図」で描くことになります。

「散布図」も非常に簡単ですが、簡単すぎることを知っていないと、悩むかもしれません。

散布図の書き方

リスト4-20のようなx座標の「リストX2」と、y座標の「リストY2」を用いて散布図を描くとします。

リスト4-20 テキトーに数を並べた2つのリスト

```
X2 = [1, 2, 5, 7, 8, 10 ]
Y2 = [2.,2.5, 6.4, 4.3, 2.2, 5.1]
```

これを今まで同様に書くと、**図4-5**のように折れ線になります。

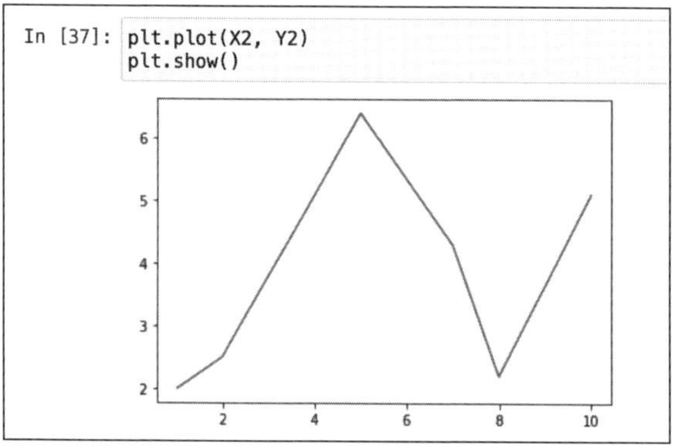

図4-5 これまでのようなプロットでは折れ線に

どうすればよいかと言えば、**リスト4-21**のように、1つ引数を足せばよいのです。

リスト4-21 関数plotに引数を加える

```
plt.plot(X2, Y2, 'ro')
```

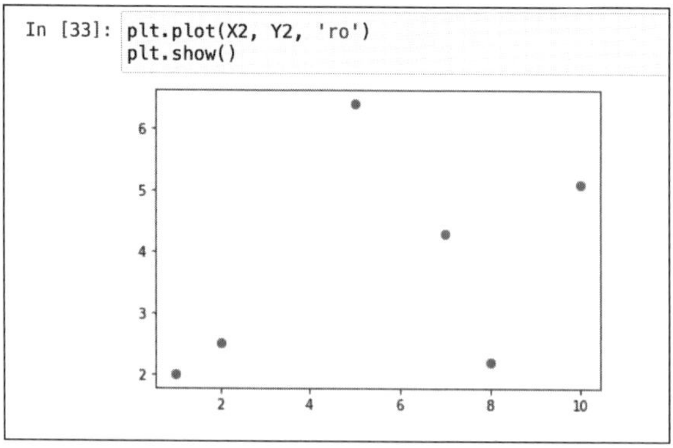

図4-6 リスト4-21のようにplot関数を書いた結果

表4-1　主なマーカーの種類

文字列	種　類	備　考
.	このドットの大きさの点	ドット
,	1画素の点	カンマ
o	丸	
^	三角形	
v	逆三角形	
s	正方形	
h	六角形	
+	十字形	
x	バツ	
D	菱形	小文字のdだと細い菱形

リスト4-21の引数の値 'ro' の意味は、「red の o」、つまり赤い丸です。

ちゃんと説明したければ、キーワード引数を用いて**リスト4-22**のように書けますが、丸はやっぱり 'o' です。

リスト4-22　こう書くともう少し分かりやすい

```
plt.plot(X2, Y2, color='red', marker='o')
```

散布図の形は、「マーカー」と呼ばれます。

主なマーカーは、**表4-1**のようなものです。

色は、**表4-2**がすべてです。

表4-2　マーカーの色のすべて

文字列	色
B	青
G	緑
R	赤
C	シアン（水色）
M	マゼンタ （濃いピンク）
Y	黄色
k	黒
w	白

グラフの大きさ

図4-6では与えられたx座標、y座標の、それぞれ「最小」から「最大」がギリギリ収まる画面枠になっています。

ですから、ものすごくバラついているように見えます。

しかし、これがたとえば、両座標とも「100」に対する分布だったらどうでしょうか。そのためには、グラフ画面の大きさを関数「axis」で明示できます。

リスト4-23　関数axisで画面の大きさを決定

```
plt.plot(X2, Y2, 'bs') #青い四角にしてみた
plt.axis([0,100,0,100]) #x方向とy方向がともにが0から 100まで
plt.show()
```

同じX2とY2について、**リスト4-23**を実行すると、**図4-7**のように「隅に固まっている」感じになります。印象がずいぶん違うと思います。

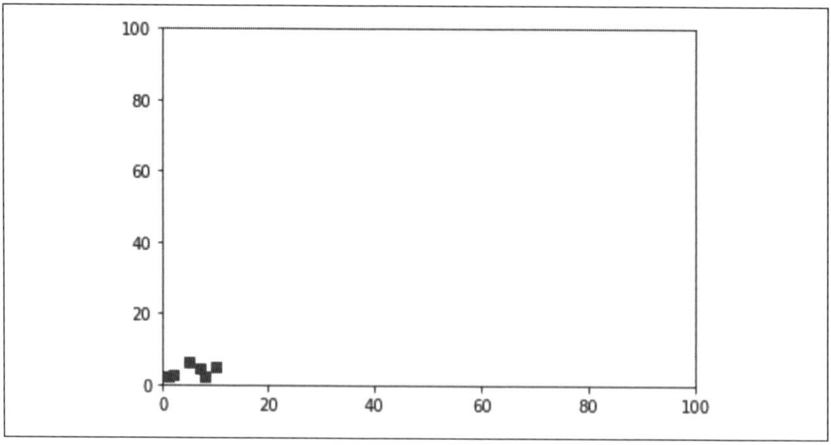

図4-7　リスト4-22の実行結果　　「まぁ誤差範囲です」と言えそう。

4-4 画面の色を塗り分ける

実は、「Matplotlib」でいちばんやりたかったのが、これです。

第1章で使ってみた、「TensorFlow Playground」の画面を思い出してください。

「オレンジ」と「青」に塗り分けられていました。

あのように、点の分布を分かりやすくする塗り分けには、実は工夫がいるのです。

曲線の上部と下部を区別する

まず、すでに数式で表わすことのできる、「曲線」や「直線」の「上部」と「下部」を塗り分けるのには、関数「fill_between」を用います。

たとえば、「tanh曲線」の上方の漸近線である「y = 1」と曲線の間の領域を塗りつぶすには、**リスト4-24**のようにします。

「tanh曲線」を描くのに用いた、「配列TH」をまた使います。

リスト4-24　THと1の間を塗る

```
plt.fill_between(X, TH, 1)
```

下方の漸近線「y＝−1」との間も塗ってみましょう。

「間」なので、どっちが上かは判断してくれます。

また、色も適当に塗り分けてくれます。

リスト4-24のあとに**リスト4-25**を書いて実行してみましょう。

リスト4-25　「TH」と「−1」の間も塗って表示

```
#リスト4-24のあとに
plt.fill_between(X, TH, -1)
plt.show()
```

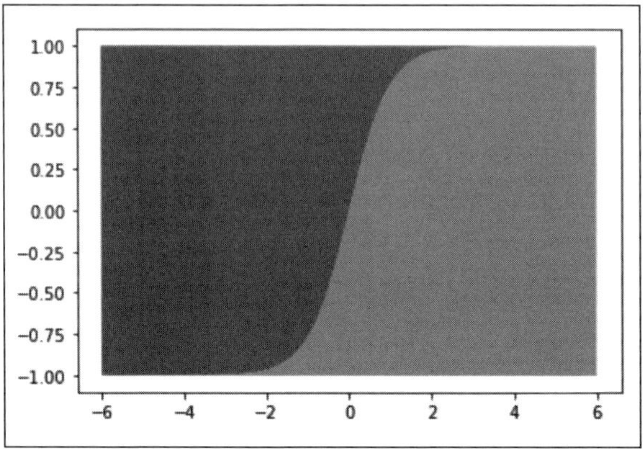

図4-8　tanh曲線の上部と下部を塗り分ける

曲線同士の間を塗ることもできます。

「tanh曲線」と「シグモイド曲線」の間を塗るには、**リスト4-26**のようにします。

リスト4-26　THとSの間を塗る

```
plt.fill_between(X, S, TH)
plt.show()
```

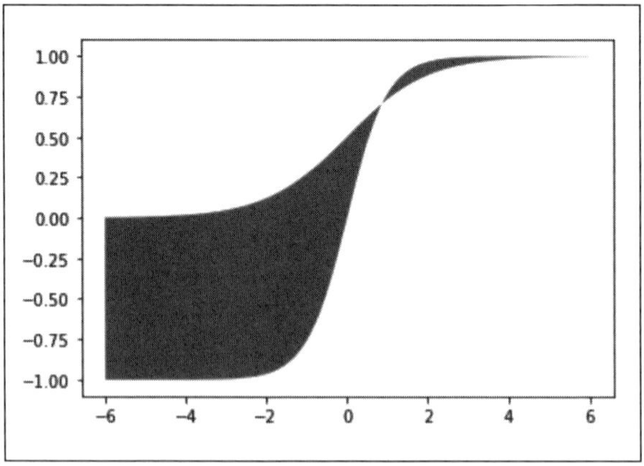

図4-9　リスト4-26の実行結果
「tanh曲線」と「シグモイド曲線」の差が表示された。

「等高線の塗り分け」を利用する

では、円「$x^2 + y^2 = 16$」で表わされる、「円の内部」と「外部」を塗り分けるにはどうしましょうか。

*

よく使われるのは「等高線の塗り分け」を用いる方法です。地図で山の斜面がシマシマに塗られているのは、位置(x, y座標)の高さによって領域を塗り分けているわけです。

円の内部がみな同じ高さ「1」で、円の外部がみな同じ高さ「2」である場合、「pyplot」では関数「contourf」(「f」は「fill」, 塗り分けを意味する)で塗り分けられます。

図4-10を見てください。きわめて粗く座標を区切って、円状の領域とその外部を塗り分けたものです。

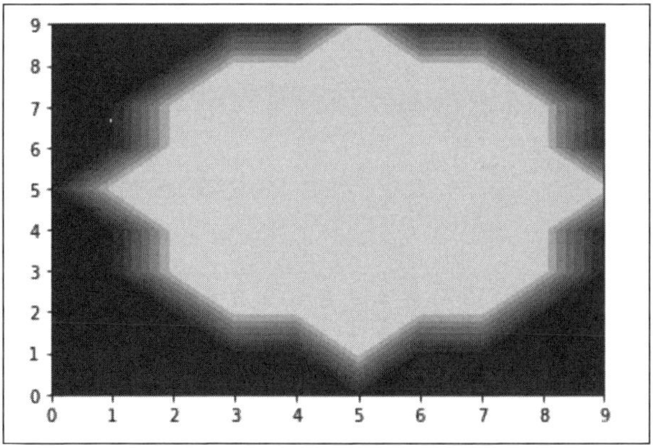

図4-10 座標を粗々しく切って、「円」の内部と外部を塗り分けた

■ (1) 関数「contourf」の使い方

どうすれば**図4-10**が書けるのか、逆から行きましょう。

*

関数「contourf」の引数は3つ、「x座標」「y座標」「高さ」です。

まず「x座標」です。「0」から「9」までの10個の数字で座標を作るとして、x座標を表わす**図4-11**のような配列です。これを「変数xx」としましょう。

```
[[0 1 2 3 4 5 6 7 8 9]
 [0 1 2 3 4 5 6 7 8 9]
 [0 1 2 3 4 5 6 7 8 9]
 [0 1 2 3 4 5 6 7 8 9]
 [0 1 2 3 4 5 6 7 8 9]
 [0 1 2 3 4 5 6 7 8 9]
 [0 1 2 3 4 5 6 7 8 9]
 [0 1 2 3 4 5 6 7 8 9]
 [0 1 2 3 4 5 6 7 8 9]
 [0 1 2 3 4 5 6 7 8 9]]
```

図4-11 「x座標」を表わす「配列xx」

なお、**図4-11**は見やすく表示したもので、プログラム上での書き方ではありません。

実際のプログラムでは、以下のような書き方になります。

```
[[0,1,2,3,4,5,6,7,8,9,],[0,1,2,3,4,5,6,7,8,9,],.....,[0,1,2,3,4,5,
6,7,8,9]]
```

次に、「y座標」を表わす配列です。

図4-12のような構造になります。

これを「変数yy」としましょう。

```
[[0 0 0 0 0 0 0 0 0 0]
 [1 1 1 1 1 1 1 1 1 1]
 [2 2 2 2 2 2 2 2 2 2]
 [3 3 3 3 3 3 3 3 3 3]
 [4 4 4 4 4 4 4 4 4 4]
 [5 5 5 5 5 5 5 5 5 5]
 [6 6 6 6 6 6 6 6 6 6]
 [7 7 7 7 7 7 7 7 7 7]
 [8 8 8 8 8 8 8 8 8 8]
 [9 9 9 9 9 9 9 9 9 9]]
```

図4-12 「y座標」を表わす「配列yy」

最後に、「高さ」の値を示す配列です。

座標(0,0)の高さの値を「z00」、座標(1,0)の高さの値を「z10」……として、図4-13のような配列を考えます。

```
y座標 0 → 9

[[z00 z10 z20 z30 z40 z50 z60 z70 z80 z90]
 [z01 z11 z21 z31 z41 z51 z61 z71 z81 z91]
 [z02 z12 z22 z32 z42 z52 z62 z72 z82 z92]
 [z03 z13 z23 z33 z43 z53 z63 z73 z83 z93]
 [z04 z14 z24 z34 z44 z54 z64 z74 z84 z94]
 [z05 z15 z25 z35 z45 z55 z65 z75 z85 z95]
 [z06 z16 z26 z36 z46 z56 z66 z76 z86 z96]
 [z07 z17 z27 z37 z47 z57 z67 z77 z87 z97]
 [z08 z18 z28 z38 z48 z58 z68 z78 z88 z98]
 [z09 z19 z29 z39 z49 z59 z69 z79 z89 z99]]

x座標 0 → 9
```

図4-13　各「x, y座標」に対応する「z」を表わす配列

数学のグラフでは、「y」の座標は下から上に増えていくように書きますが、プログラム上では「座標x, yとそれに対応するzの値」との関係さえしっかりつながっていれば、要素の順番自体はどうでもかまいません。

ただ、図4-13のように表わせば、横に進むにつれて「x」が変化し、縦に進むにつれて「y」が変化するので、視覚的に納得が行きやすいと思います。

*

以上、図4-13のような1配列「Z」と、図4-11のような「xx」、図4-12のような「yy」について、リスト4-27のように関数「contourf」を用います。

リスト4-27 関数contourfの使い方

```
plt.contourf(xx, yy, Z)
```

■ (2) 円の内部と外部で「高さ」を分けるには

今回は、円「$x^2 + y^2 = 16$」で表される円の内部か外部かによって「高さ」を変えたいのですから、**リスト4-28**のように関数「classify」を定義すれば、その戻り値が「Z」の要素になります。

リスト4-28 関数classify

```
def classify(x, y):
    if x**2 + y**2 > 16:
        return 1
    else:
        return 2
```

■ (3) 具体的なコード

以上が概要です。

＊

では、具体的に、「xx」「yy」「Z」を作りましょう。

「xx」「yy」については、「Numpy」の「meshgrid」という便利な関数が使えます。名前からして、「グラフの座標を作るための関数」と言ってよいでしょう。

リスト4-29 「Numpy」の関数「meshgrid」

```
X= np.arange(0, 10)
Y = np.arange(0, 10)
xx, yy = np.meshgrid(X, Y)
```

一方、「Z」の要素は、**リスト4-30**のように、xxとyyから地道に要素を取っていけば作成できます。

＊

リスト4-30で気をつけたいことは、通常のネストは「まずxを固定してyをループ」ですが、**図4-13**のような配列を作るには、y (高さ) が同じでxが動くループを先に作ります。

リスト4-30 「Numpy」の関数「meshgrid」 ネストの順番に注意。

```
Z= [] #リストのリストになる予定
for i in range(y.size): #yを固定
    zx=[]
    for j in range(x.size): #xを動かす
        zx.append(classify(x[j]-5, y[i]-5)) #座標を5ずらして真ん中辺に持っていく
    Z.append(zx) #xが動き終わったら、リストに入れる
```

＊

作られた「Z」は、リストのリストです。

これを「Numpy」の配列にしたければ、**リスト4-31**のようにしますが、今回は無理にしなくても問題ありません。

リスト4-31 「Numpy」の配列にしたければ

```
Z=np.array(Z)
```

こうして、**リスト4-27**を行なうことができます。

＊

「Matplotlib」のライブラリ「pyplot」には、他にも設定できる項目や表示できるグラフなどがたくさんありますが、本書でこれから用いる最低限のことを行ないました。

第5章

実践、「機械学習」

「機械学習」と、それに基づいた「予測のプログラミング」がどんなものなのか把握でき、「プログラミングの実行準備」が整ったので、いよいよ「scikit-learnを用いた機械学習」の実践に入ります。

ただし、あまり深く追求せず、どんな「考え」と「目的」で行なうのかを、理解できればよしとしましょう。

5-1 「分類問題」とは

「機械学習」で扱う問題の１つが、「分類問題」です。

「数値情報」をもつデータが、「どの種類に属するかを予測」します。

古典的な「アイリス・データ」と、本書独自のデータを紹介し、「分類問題とは何か」「今回何をしたいのか」を述べます。

「分類問題」の古典「アイリス・データ」

■ ３種類の花を分類

機械学習による「分類問題」の古典的なサンプルに、「Iris Data Set」、日本語でも「アイリス・データ」などと呼ばれる、一連のデータ集があります。

はるか昔の1936年に、Ronald Fisher（ロナルド・フィッシャー）という、「統計」「生物」などを専門とする学者が作った「分類データ」です。

「アヤメ」の一種である3種類の品種「Iris setosa」「Iris virginica」「Iris versi color」を、形状で分類します。

＊

それぞれの種類50本ずつを採取し、花の萼《がく》の「長さ」と「幅」、花弁の「長さ」と「幅」を計測してあります。

データは公開されており、「scikit-learn《サイキット・ラーン》」にも「ライブラリ」として含まれています。

＊

図5-1は、**リスト5-1**のようなプログラムを実行して得られたグラフに、日本語の説明をつけたものです。

データは、特に処理することなく、ただプロットしているだけです。

主役は表示をする「Matplotlib」の「pyplot」ですが、「Matplotlib」は日本語のフォントでよく文字化けするので、日本語は他のソフトウェアを用いて貼り付けています。

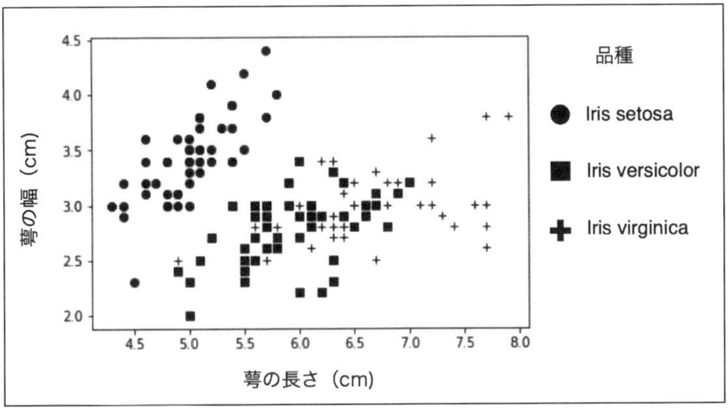

図5-1　機械学習のサンプルとして有名な「Iris Dataset」

リスト5-1　図5-1のグラフ部分のみを書き出すプログラム

```
import matplotlib.pyplot as plt
from sklearn.datasets import load_iris

#すでに備わっている「アイリス・データ」を読み込む
iris=load_iris()

X = iris.data[:,:2] #「萼の長さと幅」だけを取り出す


plt.plot(X[:50,0], X[:50,1], 'ko') #インデックス49まではIris setosaのデータ
plt.plot(X[50:100,0], X[50:100 ,1], 'ks') #50-99まではIris versicolorのデータ
plt.plot(X[100:,0], X[100:,1], 'k+') #残りはIris virginicaのデータ


plt.show()
```

リスト5-1では、「配列のインデックスの扱い方」など、これまでにまだ学んでいない箇所があります。
（このようなグラフが自分の手元で描けるということを示すために、コードを示しました。）

図5-1に示したように、三種類のアヤメの分布が違うのは目で見てだいたい分かりますが、少し明確に分かれていないデータ群もあります。

「機械学習」の練習に愛用されている素晴らしいデータですが、「アヤメの分類」…植物学に造詣が深くないと、何かピンときませんね。

■「顔」の形状で「クマ」と「ウサギ」を分類

そこで、筆者が似たようなデータを作りました。

「クマのぬいぐるみ」と「ウサギのぬいぐるみ」を、「顔の横幅」と「顔の長さ」ので分類しようというのです。

図5-2のように、クマは横長で、ウサギは縦長なはずです。当たり前といえば当たり前ですが、インターネット上に出ている写真をそれぞれ50件ずつ、PC画面上で計測してあります。

ただ、いかにもクマっぽいもの、ウサギっぽいものを選択してあるので、ちょっとズルいです。

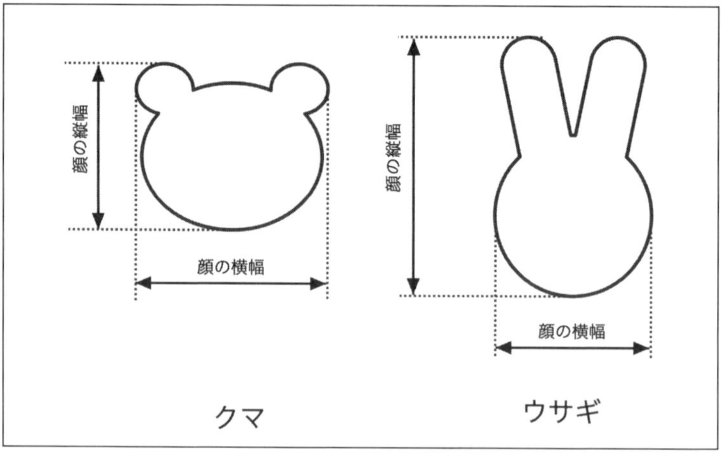

図5-2　「クマ」と「ウサギ」の顔の形状計測　　資料の選択がちょっとズルい。

5-2　コード実行の準備

これから、ガンガンとコードを書いていくので、環境を整えます。

本書のために作成したデータを作業フォルダに置き、新しい「Jupyter Notebook」のファイルを作ります。

データを準備

本書のために作成したデータを「csv」ファイルにして、本書用サンプルフォルダの「mydata」フォルダに置いてあります。

その中で、「クマ」「ウサギ」関係のファイルは、以下のとおりです。

bear.csv ……… クマのデータ45件、学習用
rabbit.csv … ウサギのデータ45件、学習用
br-test.csv … クマとウサギのデータそれぞれ5件ずつ、合わせて10件、テスト用

この「mydata」フォルダをそのまま、みなさんが今「Jupyter Notebook」のファイルを置いている「myml」フォルダの中に入れてください。

図5-2のようになります。

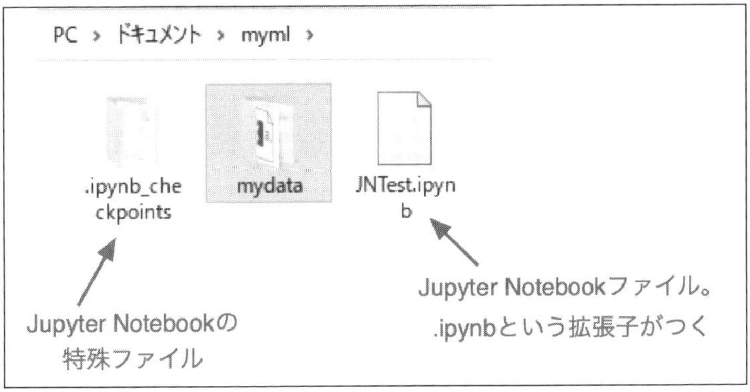

図5-3　「myml」フォルダの中、「Jupyter Notebook」のファイルと「mydata」フォルダ

■ 前の「Jupyter Notebook」ファイルを閉じる

新しい作業のために、「Jupyter Notebook」ファイルも新しくしましょう。

いま作業中のファイルは、ただウィンドウを閉じても、まだ「IPython カーネル」というサーバ・プログラムとつながっています。

また、すぐにこのファイルで作業するなら、つながっていたほうが便利です。

しかし、しばらく使わないなら、リソースの無駄なので、「シャットダウン」します。

「Jupyter Notebook」では、新しい画面は「タブ」で増えますから、明示的に閉じない限り、前の画面は生きています。

落ち着いて、フォルダ「myml」が表示してあるウィンドウのタブをクリックして、画面を出します。

これまで使っていた「JNTest」ファイルはまだ「稼働中」なので、**図5-4**のようにアイコンが明るい緑色になっています。

このチェック・ボックスをオンにして、選択します。

そして、「Shutdown」というボタンを押します。

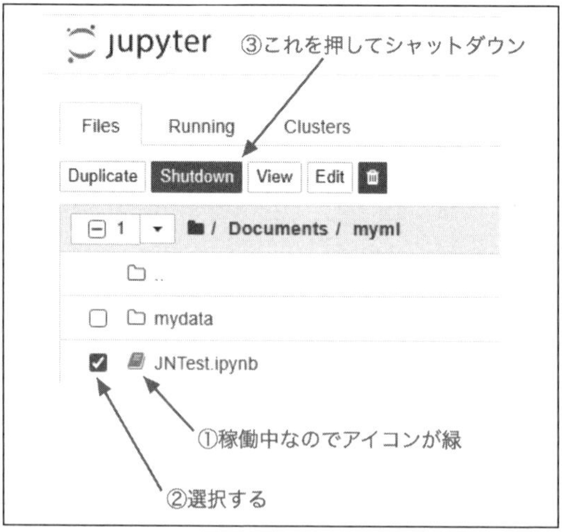

図5-4　「JNTest」ファイルはまだ稼働中なので、シャットダウンする

では、**第3章**で行なったように、「Jupyter Notebook」ファイルを新規作成して、名前を「scikit-learn」にしましょう。

5-3 「学習データ」の作成準備

「Python」で「CSV」ファイルを読み込み、「scikit-learn」の分類モデルに必要な配列の形に揃えます。

「Numpy」の配列を作り、要素を取り出したり「配列の配列」を作ったり、という地道な作業ですが、「Jupyter Notebook」上のコードなので、失敗しても何度でもやり直せます。

「CSVデータ」の読み込み

機械学習も実用レベルになると、「CSV」ファイルなどにはとても収まりませんが、「テスト・データ」をちょっと使ってみるときなどは便利です。

「Jupyter Notebook」のセルに、さっそく書いていきましょう。
「Python」で「CSVデータ」は、**リスト5-2**のように読み込みます。

リスト5-2　CSVデータを読み込む（コード未完成）

```
with open('mydata/bear.csv', newline='') as f:
    csvreader = csv.reader(f, delimiter=',')
    for row in csvreader:
        #1行ずつ処理していく
```

さて、1行ずつ何をすればよいのでしょうか。ファイル「bear.csv」の中身は**リスト5-3**のようになっています。

リスト5-3　bear.csvの中身（一部）

```
62.03,34,1
41.41,40.18,1
53.9,47.6,1
....
```

リスト5-3の1行目は、以下の内容を表わしています。

```
顔の横幅が62.03mm、顔の縦幅が34.1mmなら、クラス1（つまりクマ）である
```

リスト5-3のデータを、まずリスト5-4のような「要素が三つの配列が45個ある配列」にして、これを基本的なデータにしたいと思います。

リスト5-4　「bear.csv」から読み込んで作りたい配列の形

```
[
  [62.03, 34.1, 1],
  [41.41, 40.19, 1],
   ......全部で45個
]
```

そのための処理をセルに書いて、実行していきましょう。

＊

まず、Pythonの標準のライブラリcsvをインポートします。

リスト5-5　Pythonのcsvをインポート

```
import csv
```

まず、空《から》の「リストbear」を作ります。

最終的には、「Numpy」の配列にします。

ただ、「Numpy」では要素の型や配列の大きさをあらかじめ設定することが要求され、「要素が空、データ型も未定義」というものは非常に作りにくいので、

まずそれが可能なPythonの標準のリストにします。
リスト5-6のとおりです。

リスト5-6 Pythonの標準のリストbear

```
bear=[]
```

ファイルを読み込んで1行ずつ処理する、**リスト5-7**のループを作ります。

なお、ファイルから読み込む要素はすべて「文字列」なので、「float型」に変換します。

リスト5-7 「リストbear」に「Numpy」の配列を要素として加える

```
import numpy as np


with open('mydata/bear.csv', newline='') as f:
    csvreader = csv.reader(f, delimiter=',')
    for row in csvreader:
        data = np.array([float(row[0]), float(row[1]), #float型にする
                        float(row[2])])
        bear.append(data)
```

このようにして出来た「bear」は、要素は「Numpy」の配列です。

＊

しかし、「bear」そのものはまだPython標準のリストですから、**リスト5-8**のように「Numpy」の配列に変換して完成です。

リスト5-8 母体も要素もすべてが「Numpy」の配列に

```
bear= np.array(bear)
```

同様に、ファイル「rabbit.csv」から**リスト5-9**のように「Numpy」の配列「rabbit」を作ります。

リスト5-9　リスト5-8と同じように配列「rabbit」を作成

```
rabbit=[]
with open('mydata/rabbit.csv', newline='') as f:
    csvreader = csv.reader(f, delimiter=',')
    for row in csvreader:
        data = np.array([float(row[0]), float(row[1]),
                         float(row[2])])
        rabbit.append(data)
rabbit= np.array(rabbit)
```

こうして完全な「Numpy」の配列が出来たので、いろいろな観点からデータを切り取っていくことができます。

データをプロットしてみる

配列「bear」と「rabbit」から要素を取り出し、「Matplotlib」の「pyplot」を用いて、データをグラフに図示してみましょう。

＊

たとえば、「bear」のデータをプロットするとき、関数「plot」の引数には、「bear」がもっている45個の配列から、「x座標」にあたる「インデックス0」の要素、「y座標」にあたる「インデックス1」の要素をそれぞれ抜き出して、まとめたものを渡す必要があります。

＊

この面倒な作業は、リスト5-10のようにすれば、イッパツでできます。

リスト5-10　「bear」のデータを関数「plot」に渡す

```
plt.plot(bear[:,0], bear [:,1] )
```

これは、「Numpy」の配列の「スライシング」です。

bear[:,0]およびbear[:,1]は、それぞれ図5-5に示すとおりの配列になっています。

図5-5に示す関係のとおりです。

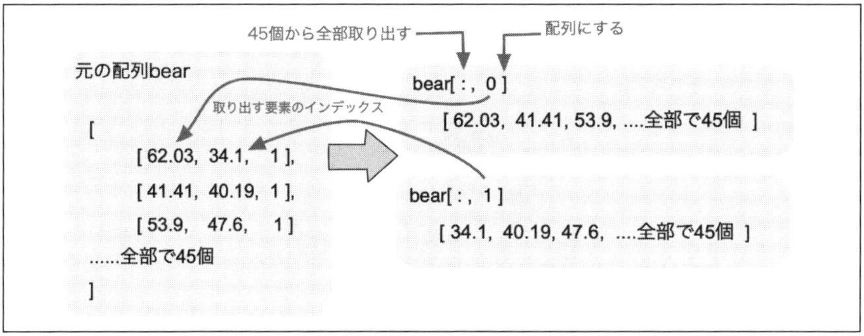

図5-5 「bear」のデータから「x座標」だけ、「y座標」だけを配列にして取り出す

そこで、**第4章**の内容を思い出して、**リスト5-11**のように書いてみましょう。

リスト5-11 配列「bear」と「rabbitのデータをプロット

```
import matplotlib.pyplot as plt


plt.plot(bear[:,0], bear [:,1],'ro', label = 'Bear')
plt.plot(rabbit[:,0], rabbit[:,1], 'bs', label = 'Rabbit')
plt.xlabel('Head width, mm')
plt.ylabel('Head length, mm')
plt.legend()
plt.show()
```

図5-6のようなプロットになります。

わりといい加減な計測にしては、それぞれ、顔の縦横比がかなり一定になりました。

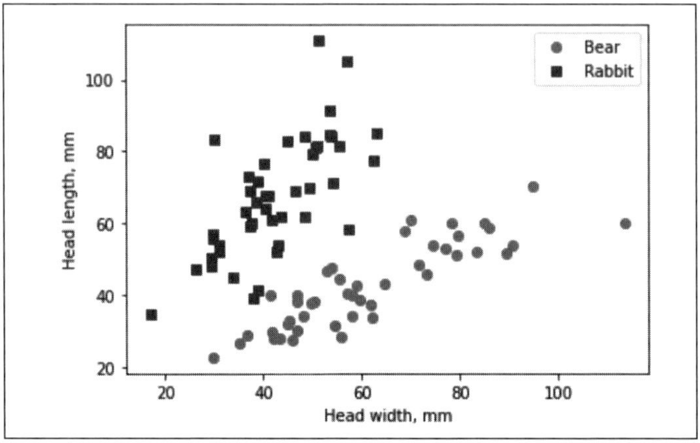

図5-6　クマとウサギのぬいぐるみの写真45件ずつについて、
顔の横幅と顔の縦幅を計測したデータから得られる分布図

「学習用データ」の「配列」を整える

■ (1) 座標データXtrain

学習データのうち、座標データの配列「Xtrain」を作ります。

・まず、「bear」のデータの中から、「顔の横幅と顔の縦幅」の配列を、45件並べた配列を作ります。

・具体的には、「bear」の3つの要素のうち、「インデックス」が「0」と「1」の要素を取り出して配列を作り、それを大きな配列の要素にします。

この、さらに面倒な作業も、リスト5-12のようにできます。

リスト5-12　「0番目」と「1番目」の要素だけ取り出し、配列にしたものを要素にした配列を作成

```
X_bear = bear[:,[0,1]]
```

リスト5-12の仕組みも、図5-7に図示します。

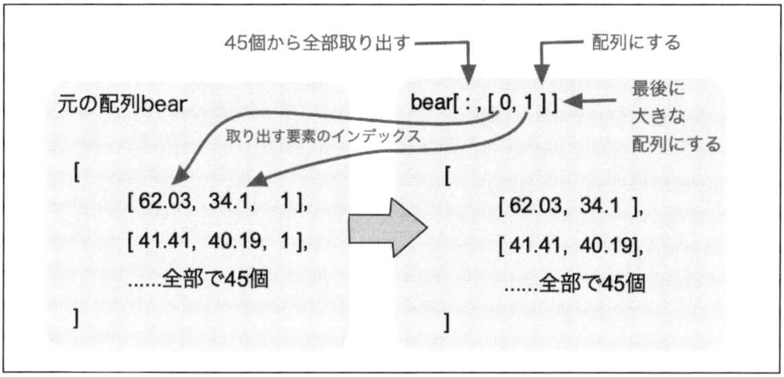

図5-7　要素が3個の配列の配列から、最初の2つの要素を抜き出して配列の配列にする

このような「スライシング」を用いれば、わざわざ別の配列に抜き出さなくても、1つの配列からその場で形式を変更できますが、仕組みが分かるまで、段階的に配列を作っていきましょう。

＊

なお、配列名「X_train」の「X」が大文字なのは、「要素」が「配列」であることを明示するためです。

プログラムの動作には関係ありませんが、機械学習のお作法です。

・配列「rabbit」からも同様に「X_rabbit」をリスト5-13のように作ります。

リスト5-13　配列「rabbit」から「X_rabbit」を作成

```
X_rabbit = rabbit[:,[0,1]]
```

・2つの配列「X_bear」と「X_rabbit」をリスト5-14のようにつないで、90個の要素からなる学習データ、「X_train」が完成です。

リスト5-14　クマとウサギのデータをつないで、学習用データ「X_train」を作成

```
X_train=np.concatenate((X_bear, X_rabbit))
```

＊

■ (2) 分類ラベル「y_train」

・次に、「X_train」の各要素が、「クマ」か「ウサギ」かを表わす整数「1」と「2」からなる、配列「y_train」を作ります。

・こちらは「スカラー値」を要素とする配列なので、小文字の「y」を用います。

・「bear」と「rabbit」から、「インデックス2」の要素をそれぞれ読み込んで配列にします。

最後に両者をつないで、「y_train」を作ります。これらはリスト5-15の通りです。

リスト5-15　「x_train」に対応する「y_train」

```
y_bear=bear[:,2]
y_rabbit = rabbit[:,2]

y_train=np.concatenate((y_bear, y_rabbit))
```

*

さて、こうして材料が揃いました。あとは、「scikit-learn」が提供している、「分類モデル」のクラスを使っていきましょう。

5-4　分類モデル「サポート・ベクトル・マシン」

「分類モデル」として最もよく使われている手法のひとつ、「サポート・ベクトル・マシン」のモデルは、「scikit-learn《サイキット・ラーン》」の「SVC」というクラスのオブジェクトです。

第2章では、簡単かつ小数のデータで、使い方だけをお見せしました。
今回は、学習させるデータが90件あります。

「SVCモデル」に学習をさせる

「SVC」オブジェクトを作り、学習させましょう。**リスト5-16**のとおりです。

リスト5-16　サポート・ベクトル・マシンの分類モデルを学習させる

```
from sklearn.svm import SVC


clf_sv = SVC()
clf_sv.fit(X_train, y_train)
```

■ グリッド・メッシュの各点について予測させる

この学習させたモデルでは、何の「データに対」して予測を行なわせることができるでしょうか。

実は、グラフ上の各座標についてです。

「X_train」のデータがプロットされる範囲の「グリッド・メッシュ」上の点の座標に対する分類ラベルの値を予測し、「1」と出るか「2」と出るか「高さ」の値と見なせばよいのです。

4-4節で、「pyplot」の関数**「contourf」**を使って、円領域の色塗りをしたのを思い出してください。

そのとき、2通りの「高さ」の値を出すのに、自作の関数**「classify」**を用いました。

今回は、その代わりに、「scikit-learn」の「分類モデル」のメソッド**「predict」**を用います。

＊

[手順]

・まず、**「X_train」**の「x座標」「y座標」の範囲の点の集合を作ります。

図5-3に示したプロットも載せますから、点がハミ出ないように、範囲を

ちょっとだけ拡げます。

「X」と名は付いていますが、「x座標」も「y座標」もこの配列の中にあります。

リスト5-17に示すように、「x座標」は「X_train[:,0]」、「y座標」はX_train[:,1]」です。

紛らわしいのですが、理論では「座標データ」を「X」、「分類ラベル」を「y」として式を立てるので、このような「変数名」になります。

リスト5-17　「x座標」、「y座標」の範囲を決める

```
x_min = X_train[:,0].min()-10
x_max = X_train[:,0].max()+10

y_min = X_train[:,1].min()-10
y_max = X_train[:,1].max()+10
```

リスト5-16の「x_min」「x_max」の間を「0.1」刻みにした点を要素とする「Numpy」の配列「x」、同様に作った配列の「y」から、図4-29で行なったように「メッシュ・グリッド」を作ります。

※なお、メッシュが細かすぎると、次のリスト5-18の計算に時間がかかるかもしれません。
そのときは、「0.1」刻みより間隔を粗く取ってください。
それでできると分かったら、刻みを細かくして、時間がかかっても滑らかな図を描いてみましょう。

リスト5-18　リスト5-17の間にある数の配列で「メッシュ・グリッド」を作成

```
x = np.arange(x_min, x_max, 0.1) #間隔が細かいので時間がかかるかも
y = np.arange(y_min, y_max, 0.1)
xx, yy = np.meshgrid(x, y)
```

「メッシュ・グリッド」の各点に対する等高線データ「Zsv」の作成も、図4-30で行なったとおりです。

ただし、一つ大事な点があります。

リスト2-2などで見たとおり、メソッド「**predict**」の引数は「配列の配列」で渡します。

また、戻り値は「スカラー値」の配列で与えられます。

ですから、**リスト5-19**のように変更します。

リスト5-19　「分類モデル」のメソッド「predict」を用いて「メッシュ・グリッド」から「等高線データ」を作成

```
Zsv=[]
for i in range(y.size):
    zx=[]
    for j in range(x.size):
        predicted=clf_sv.predict([[x[j],y[i]]]) #配列をさらに配列に入れて渡す
        zx.append(predicted[0]) #戻り値からスカラー値を取り出す

    Zsv.append(zx)
```

＊

ここまでくれば、あとは**リスト4-27**でやったとおりです。

リスト5-20のように書いてみましょう。学習データのプロットも一緒にしますが、領域を色分けするので、今回は「凡例」は出しません。

リスト5-20　いよいよ分類表示

```
plt.plot(bear[:,0], bear [:,1],'ro', label = 'Bear')
plt.plot(rabbit[:,0], rabbit[:,1], 'bs', label = 'Rabbit')
plt.xlabel('Head width, mm')
plt.ylabel('Head length, mm')

plt.contourf(xx, yy, Zsv) #これが塗り分けの部分

plt.show()
```

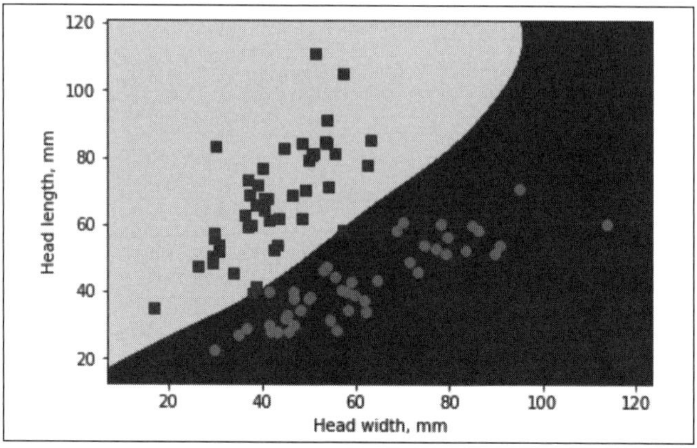

図5-8　「scikit-learn」のサンプルのような図が描けた

「scikit-learn」のサンプル・グラフは、このようにして書いてあるのです。

「Numpy」の関数で「配列の扱い」を簡単に

さて、**リスト5-19**のところが、「引数」を「配列」に入れたり「戻り値」から「スカラー値」を取り出したりと、面倒臭かったですね。

これは、手順を明らかにする目的で、従来のループで１つ１つ処理していたためです。

この地道な方法で**図5-8**が書けたので、「Numpy」の関数をかれいに使って手順を改良しましょう。

■ (1)「2次元配列」を「1次元配列」にする関数「ravel」

「等高線データ」の配列「**Zsv**」を、「メッシュ・グリッド」で作った配列「**xx**」「**yy**」からデータを取り出して作るように変更します。

それには、「**xx**」と「**yy**」をそれぞれ、「Numpy」配列に備わっているメソッド「**ravel**」を用いて、「配列の配列」を「スカラー値」の「配列」にほぐします（ravelは「ほどく」という意味）。

リスト5-21のように書いて、それぞれが「スカラー値」の「配列」になることを確かめてみましょう。

リスト5-21　「xx」と「yy」を「スカラー値」の「配列」に、ほどけたかどうか出力させてみる

```
print(xx.ravel())
print(yy.ravel())
```

■ (2)「2つの配列」を組み合わせる関数「c_」

「Numpy」の「c_」という妙な名前の関数を用います。

小文字の「c」の後に「_」(アンダースコア)があるのに注意してください。

これは、2つの「スカラー値」の「配列」のそれぞれ同じ「インデックス」の要素を配列にまとめる作業をします。

まず、リスト5-22のように、もっと少ない要素の配列で試してみましょう。

リスト5-22　関数「c_」を試してみる

```
a=np.array([1,3,5])
b=np.array([2,4,6])
print(np.c_[a,b])
```

「Jupyter Notebook」では見やすい出力で表示しますが、要するに、

```
[[1,2],  ...aとbのインデックス0の要素
 [3,4],  ...aとbのインデックス1の要素
 [5,6]   ...aとbのインデックス2の要素
]
```

という配列になります。

そこで、これまでのようなループを自分で組まなくても、リスト5-23のように、一気に関数「predict」の引数を渡せます。

リスト5-23　「Numpy」の関数を使えば、自分でループを組まなくてすむ

```
Zsv= clf_sv.predict(np.c_[xx.ravel(), yy.ravel()])
```

しかし、この「Zsv」を出力してみると、実行例5-23のようになるでしょう。

［実行例5-24］　リスト5-23のZsvの内容を出力させてみると

```
[1., 1., 1., ..., 1., 1., 1.]
```

「要素」が「1」だけというのは心配しないでください。省略表示なので、この「...」の部分に、きっと「要素2」もあるのです。

問題なのは、このままでは関数「contourf」の引数に渡せないことです。メッシュ・グリッドの「xx」と同じ形にする必要があります。

■ (3) 配列の形を変える「reshape」

そこで、リスト5-24のように、メソッド「reshape」を用います。

リスト5-24　reshapeを用いて配列を整形

```
Zsv = Zsv.reshape(xx.shape)
```

整形した「Zsv」は、実行例5-24のように出力されて、リスト5-19と同じものが出来ました。

［実行例5-24］　リスト5-24のZsvの内容を出力させてみると

```
 [1. 1. 1. ... 1. 1. 1.]
 [1. 1. 1. ... 1. 1. 1.]
 ...
 [2. 2. 2. ... 1. 1. 1.]
 [2. 2. 2. ... 1. 1. 1.]
 [2. 2. 2. ... 1. 1. 1.]]
```

■「サポート・ベクトル・マシン」の仕組み

以上、**図5-8**が出来たところで、「サポート・ベクトル・マシン」の意味を簡単に解説しましょう。

＊

「サポート・ベクトル」とは、2つの点群を分ける境界線に最も近接した点のことです。

本書の例や「アイリス・データ」などでは、分かりやすくするために平面上の点で表わしていますが、一般的には多次元ベクトルです。

境界「線」という言い方は、2次元を分けるからです。
3次元空間で二つの点群を分けるなら、「境界面」になります。

n次元空間上を分けるのは、n-1次元空間になりますが、これを3次元世界に倣って「超平面」と呼びます。
ですから、2次元を分ける直線も「超平面」と呼びます。

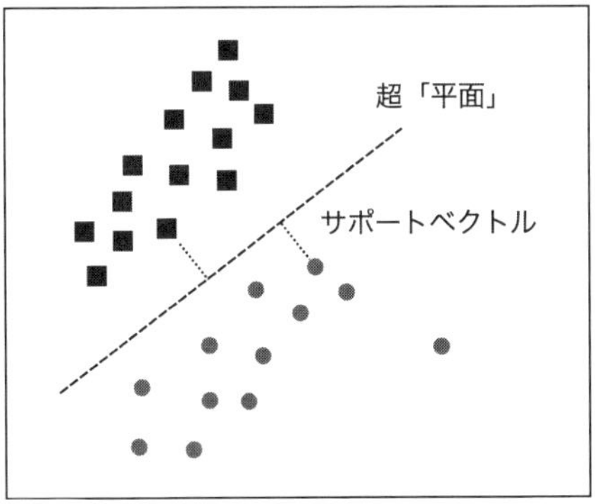

図5-9　サポート・ベクトルと超「平面」

■「テスト・データ」を載せてみる

図5-8でグラフに色を塗ったときに、グラフ上のたくさんの点でメソッド「predict」を用いた「予測」をしているわけですが、テスト用に取り置いたデータがありますから、**図5-8**の上に載せてみましょう。

a」フォルダの「br-test.csv」からデータを読み込んで、分類ラベルを表わす「インデックス2」の値が「1」なら配列「test_bear」、「2」なら「test_rabbit」にそれぞれ納めることにします。

リスト5-25のとおりです。

リスト5-25　テスト用データを読み込む

```
test_bear=[]
test_rabbit=[]
with open('mydata/br-test.csv', newline='') as f:
    csvreader = csv.reader(f, delimiter=',')

    for row in csvreader:
        data =np.array([float(row[0]), float(row[1]),
                                    float(row[2])])
        if data[2]>1:
            test_rabbit.append(data)
        else:
            test_bear.append(data)

test_bear = np.array(test_bear)
test_rabbit = np.array(test_rabbit)
tests = np.concatenate((test_bear, test_rabbit))
```

「xx」「yy」「Zsv」はすでに作りましたから、リスト5-26のようにプロットして、クマを表わす白丸とウサギを表わす白の四角がそれぞれの領域に収まれば良いわけです。

リスト5-26　予測した領域にテスト用データを配置してみる

```
plt.plot(test_bear[:,0], test_bear[:,1], 'wo')
plt.plot(test_rabbit[:,0], test_rabbit[:,1],'ws')
```

#リスト5-20の塗り分けそのまま

```
plt.contourf(xx, yy, Zsv)
```

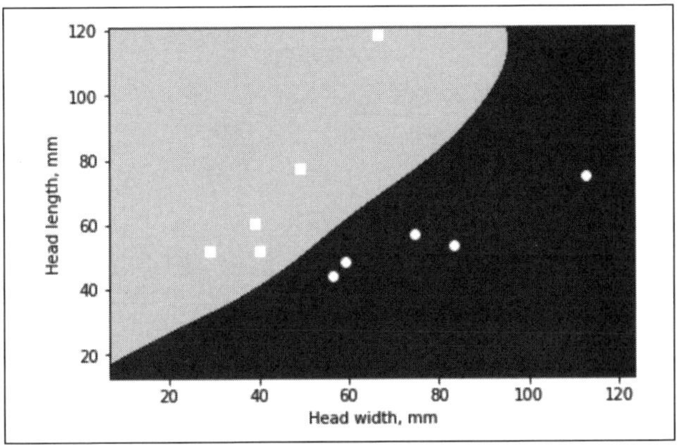

図5-10　テスト・データも領域に収まった

＊

以上、「サポート・ベクトル・マシン」による分類と、はじめての「領域色分け」を行ないました。

5-5　分類モデル「決定木」

前節と同じ分類課題に対して、scikit-learnに備わっている他の分類方法も試してみましょう。「決定木」という、「イエスかノーか」の分岐を繰り返していく手法ですが、これでも分類ができます。

「決定木」の考え方

「決定木」(けっていぎ)とは、複数の条件に対して順番に、「イエス」か「ノー」かの分岐を繰り返して、最終的な分類にもっていく考え方です。

最終的な分類は、もう分岐しないということで、「葉」と呼びます。

＊

図5-11は、そのごく簡単な一例です。

洗濯物について行なうことを、条件によって「外干し」「部屋干し」「コインランドリー」の3つの「葉」に分類しています。

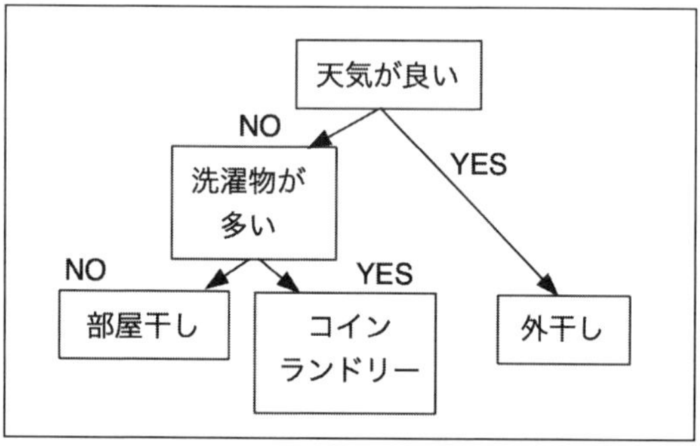

図5-11　ごく簡単な決定木による分類の例

「クマ」と「ウサギ」のデータを「決定木」で分類

では、この「クマ/ウサギ」のような分類は、どんな条件で行なうのでしょうか。まずは、行なってみましょう。

＊

図5-10に至るまでに、以下の変数に値が入っているので、今から決定木での分類するのは、とても簡単です。

```
x_train, y_train ...学習データ
xx, yy ...メッシュ・グリッドの各座標
予測値分布Zdtを求める方法
```

まず、**リスト5-27**のように、「scikit-learn」の「DecisionTreeClassifier」というクラスのオブジェクトを作ります。

リスト5-27　「DecisionTreeClassifer」クラスのオブジェクト

```
from sklearn.tree import DecisionTreeClassifier


clf_dt = DecisionTreeClassifier()
```

これで、もう「分類モデル」が出来ました。
あとは、**リスト5-28**のように学習させます。

リスト5-28　「決定木分類モデル」に学習させる

```
clf_dt.fit(X_train, y_train)
```

そして、**リスト5-29**のようにグラフを書きます。
「サポート・ベクトル・マシン」で使った「変数名」を変更するだけです。

リスト5-29　変数名を「Zdt」にして学習・予測による塗り分けをさせる

```
#ここの変数名がZdt
Zdt = clf_dt.predict(np.c_[xx.ravel(), yy.ravel()])
Zdt=Zdt.reshape(xx.shape)

plt.plot(X_bear[:,0], X_bear[:,1], 'ro')
plt.plot(X_rabbit[:,0], X_rabbit[:,1], 'bs')

#テスト・データも一緒に
plt.plot(test_bear[:,0], test_bear[:,1], 'wo')
plt.plot(test_rabbit[:,0], test_rabbit[:,1],'ws')

plt.xlabel('Head width, mm')
plt.ylabel('Head length, mm')

plt.contourf(xx, yy, Zdt) #ここの変数名がZdt
```

リスト5-27～29を実行すると、**図5-12**のようになります。

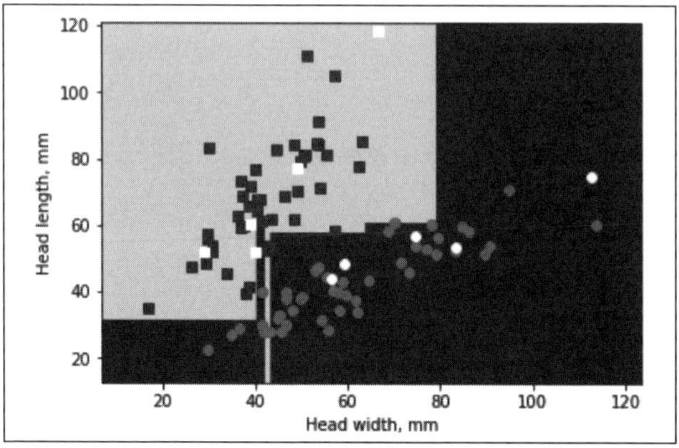

図5-12　「決定木」による本書サンプル・データの分離

図5-10に比べて滑らかではないですね。
いったい、どんな仕組みで分類しているのでしょうか。

決定木で分類する仕組み

「決定木」で分類する過程をたどるには、リスト5-30のように書いて実行します。

リスト5-30　決定木の分類過程を見る

```
from sklearn import tree
plt.figure(figsize=[12.8, 9.6])
tree.plot_tree(clf_dt)
plt.show()
```

すると、図5-13のように出力されます。
ただし、そのままの図は少し小さいと思うので、図5-13は新しく書き直しています。

＊

図5-13は、「グラフ中を直線で区切る順番」を指しています。

X[0]がグラフの「x軸」、X[1]がグラフの「y軸」を指しています。

＊

図5-13のいちばん最初を見てください。
まず、**リスト5-31**のように書かれています。

リスト5-31　決定木図の開始点の条件

```
X[1] <= 61.16
```

リスト5-31は、「yの値が61.16以下か」という条件です。

図5-14に示すように、「y」の値が「60」付近のところに、「黄緑」と「紫」の色が分かれている境界があります。

条件「YES」がグラフの下側で「クマ」、「NO」が上側で「ウサギ」です。

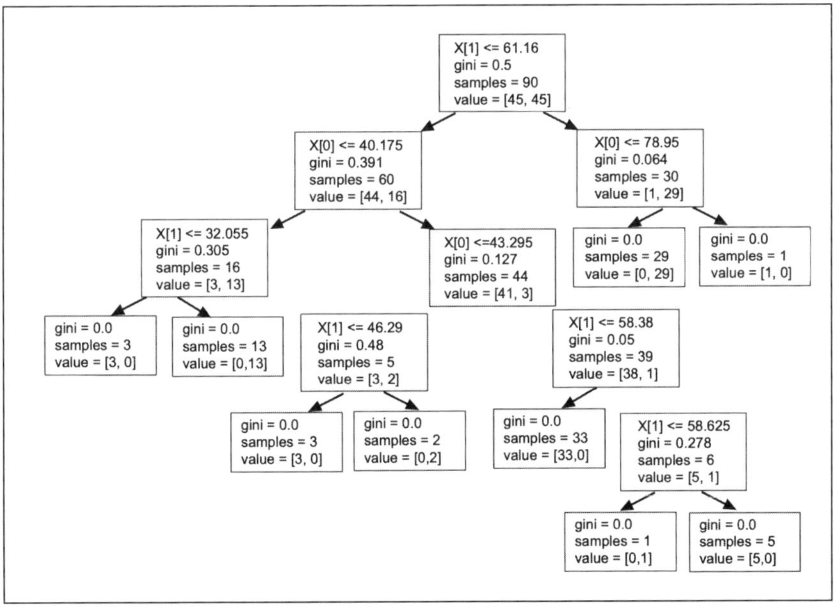

図5-13　図5-12を描くのに用いられた処理の流れ

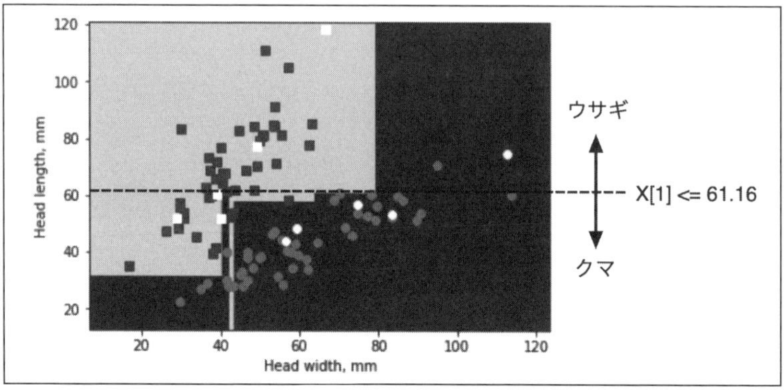

図5-14　「y」の値が「61.16」が最初の分割線

決定木図の上では、**リスト5-31**の条件の「YES」が「左」、「NO」が「右」です。

「YES」に行ったら、今度は「X[0]<= 40.175」ですから「xの値が40.175以下か」で分けます。

「NO」に行ったら、こんどは「X[0]<=78.95」で分けます。

ここまでが、**図5-15**の分類です。

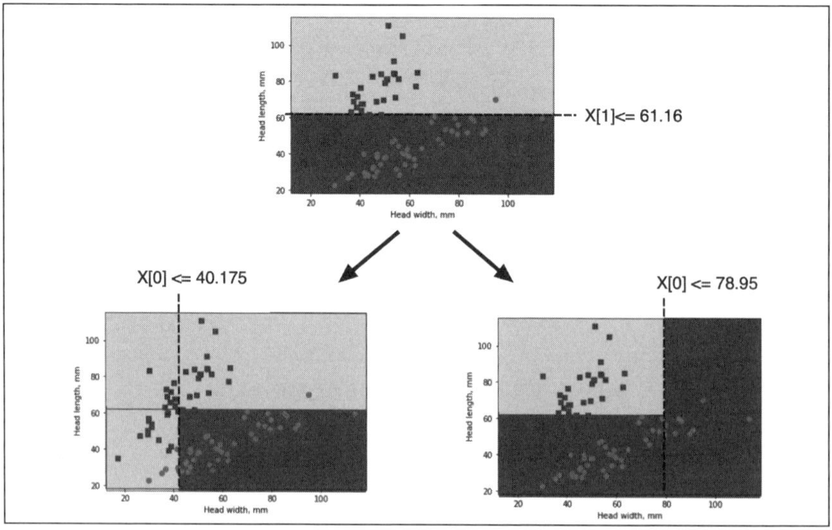

図5-15　最初と2回目の分割の様子

＊

図5-13の決定木図の各分割点に、分割できた点群の状態が記されています。

「gini」は分割の不確定さを表わす値です。

そして、点群がリスト5-32の条件になるまで、分割を続けています。

リスト5-32 分割を終える条件

```
gini=0.0
value[a, b]の要素a, bのどちらかの値が0
```

図5-16に見られるような箇所は、このような仕組みで最後の1個まで完全に分割しようとしたために、細かすぎる塗り分けになっています。

途中で分割を止めるようにするには、リスト5-27に記述した「DecisionTreeClassifier」オブジェクトの作成で、引数「max_leaf_nodes」の数を指定します。

「leaf」(葉)ですから、それ以上分岐しない終点を意味します。

「max」ですから、終点の数をぴったり狙わなくてもよく、何度か試して、最適な結果を決めていきます。リスト5-33では「6」にしています。

リスト5-33 終点の数を決めて、決定木による分類を行なってみる

```
clf_dt = DecisionTreeClassifier( max_leaf_nodes = 6) #6つぐらいにしてみる

#学習からやり直す
clf_dt.fit(X_train, y_train)

#あとはリスト5-29のとおり
```

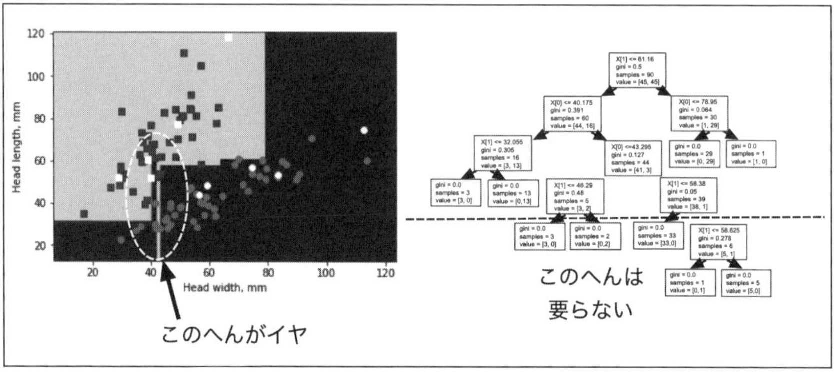

図5-16　途中で分割をやめたほうが良さそう

リスト5-33の決定木モデルでは、図5-17のような出力が得られます。

図5-16で「このへんがイヤ」と記した領域は分類しきれていませんが、目で見て分かりやすい分類になりました。

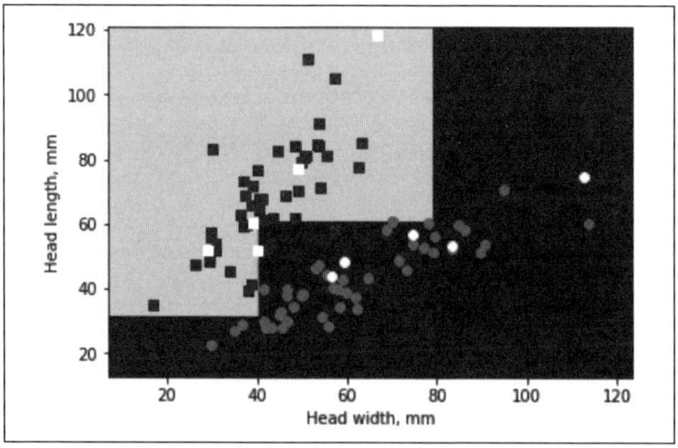

図5-17　見て分かりやすい分類になった

*

このように「決定木」は直線分割の繰り返しになるため、「粗い」分類になりがちです。

しかし、図5-13で見たように、考え方が非常に分かりやすいので、よく用いられています。

5-6 分類モデル「k近傍法」

「分類モデル」の最後に、「k近傍法」を用いています。

「学習」と「予測」の仕組みが「サポート・ベクトル・マシン」や「決定木」とは異なるにもかかわらず、プログラミングとしては同じ方法で出来てしまいます。

「k近傍法」とは

この方法は、今までのようにあらかじめ「学習データ」で「モデル」を完成させてから、「テスト・データ」を「モデル」に入力して結果を得る、というのとは違います。

＊

「k近傍法」では、「クマ」と「ウサギ」のデータがプロットされているところに「テスト・データ」を追加して、その最近傍にあるk個の学習データを採り、「クマ・データ」と「ウサギ・データ」のどちらが多いかで、テスト・データをクマかウサギか決めていきます。

＊

手法としては非常に分かりやすいのですが、図5-18に示したように、これまでの「学習はモデルを完成させるためのもの」という考えから頭を切り替える必要があります。

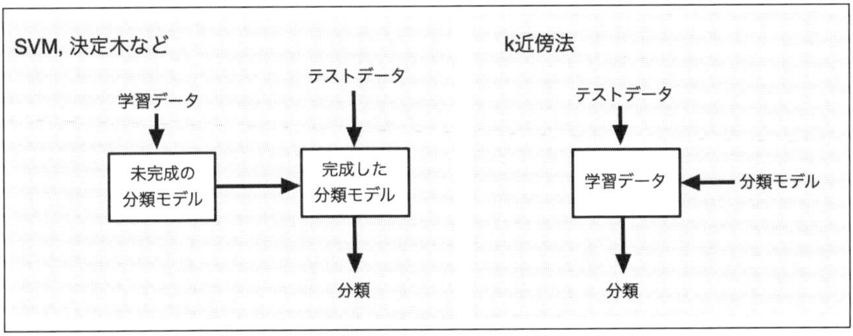

図5-18　「SVM」や「決定木」と、「k近傍法」の考え方の違い

「k近傍法」による「分類プログラム」

それでも、「Scikit-learn」のライブラリを用いたプログラミングの書き方は変わりません。

＊

リスト5-34のようにモデルを作ります。

リスト5-34　「k近傍法」のモデルは、「SVM」や「決定木」と同じように作成

```
from sklearn.neighbors import KNeighborsClassifier

k= 5
clf_nn = KNeighborsClassifier( k, weights='distance')
```

分類モデルは、「KNeighborsClassifier」というクラスのオブジェクトです。

リスト5-34では、オブジェクト作成時に、以下の引数を与えています。

●キーワード無しで最初に与える引数

分かりやすく「変数k」とおいて与えましたが、これが「近傍の学習データ幾つを採るか」の数です。

普通は「3」から「5」くらいです。

●キーワードweights

データのバラつきが大きいと無理矢理遠くから取ってくることになります。

遠くのデータより近くのデータのほうに「重み」をおくように、値を'distance'にしています。

そのあと、「学習」「予測」によるグラフの塗り分けも、これまでとまったく同じです。リスト5-35のとおりです。

リスト5-35　変数名を「Zdt」にして「学習」「予測」による塗り分けを行なわせる

```
#ここの変数がZnn
Znn = clf_nn.predict(np.c_[xx.ravel(), yy.ravel()])
Znn = Znn.reshape(xx.shape)

plt.plot(X_bear[:,0], X_bear[:,1], 'ro')
plt.plot(X_rabbit[:,0], X_rabbit[:,1], 'bs')

plt.plot(test_bear[:,0], test_bear[:,1], 'wo')
plt.plot(test_rabbit[:,0], test_rabbit[:,1],'ws')

plt.xlabel('Head width, mm')
plt.ylabel('Head length, mm')

plt.contourf(xx, yy, Znn) #ここの変数がZnn
plt.show()
```

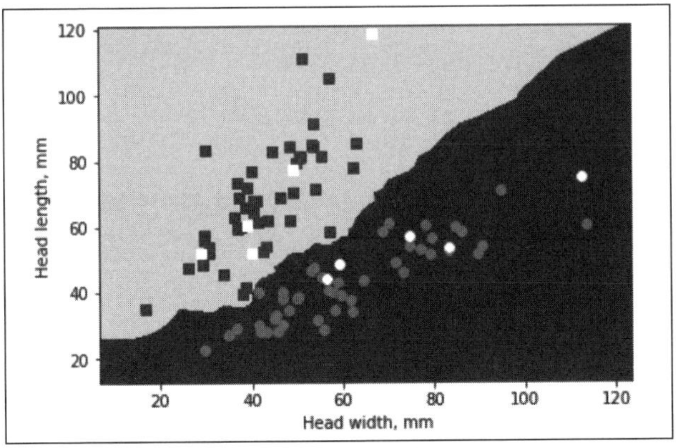

図5-19　リスト5-33の実行結果

図5-19では、まるで人が注意深く点の間を縫って線をひいたかのように、「クマ・データ」と「ウサギ・データ」が分類されているように見えますが、手放しでは喜べません。

この境界線がこんなにカクカクしている意味がないからです。

縫製作業や箱詰めなどの影響で、顔の横幅が1ミリ違ったら、「クマ」のぬいぐるみを「ウサギ」として販売しなければならないということになってしまいます。

本書のデータにはバラツキがありますが、「k近傍法」は、データの分布が滑らかな場合に向いています。

5-7 回帰モデル「サポート・ベクトル回帰」

「機械学習」には、あるデータがどの分布に収まるべきかを推定する「回帰」という課題もあります。

「scikit-learn」では、分類モデルに対応した回帰モデルも備わっています。

「サポート・ベクトル」を利用した回帰法を行なってみましょう。

サポート・ベクトル回帰(SVR)

「サポート・ベクトル・マシン」は回帰分析にも使えます。回帰とは非常に簡単に言い表せば、データのプロットを通る近似曲線を作ることです。

こちらで工夫する必要はなく、サポート・ベクトル・マシンによる回帰分析モデルとして、クラス「SVR」がscikit-learnに備わっています。「R」は「回帰」を表わす「Regression」の意味です。

回帰分析のためのデータ

サポート・ベクトルによる回帰分析のために、以下のデータを「mydata」フォルダに用意しました。

psv-train.csv	サポート・ベクトル回帰のための学習用データ
psv-test.csv	サポート・ベクトル回帰テスト用データ

これらのファイルは、特に何を示しているわけでもないまったく練習用のデータです。

たとえば、「psv-train.csv」は**リスト5-36**のような内容です。

リスト5-36　「psv-train.csv」の内容（最初のいくつか）

```
4.16,7.99
4.34,9.29
5.29,7.92
....
```

リスト5-37のように、ファイルから読み込んだままの配列を「orig_train」とします。

リスト5-37　「psv-train.csv」の内容を読み込む

```
orig_train=[]
with open('mydata/psv-train.csv', newline='') as f:
    csvreader = csv.reader(f, delimiter=',')
    for row in csvreader:
        orig_train.append(
            np.array([float(row[0]), float(row[1])])
        )
orig_train = np.array(orig_train)
```

「orig_train」の内容は、リスト5-38のような、要素2つの配列からなる配列になります。

リスト5-38　「orig_train」の最初のいくつかの要素

```
[[ 4.16  7.99]
 [ 4.34  9.29]
 [ 5.29  7.92]
....]
```

「StandardScaler」によるデータの標準化

「サポート・ベクトル回帰」を用いるには、学習データを「標準化（平均が0、標準偏差が1になるように変換）」するのが効果的です。

そうでないと、平均から離れた端のほうのデータの適合性が悪くなります。

この計算のために、「scikit-learn」には「StandardScaler」というクラスが備わっています。使ってみましょう。

＊

リスト5-39のように、オブジェクトを作ります。

リスト5-39　「StandardScaler」クラスのオブジェクト

```
from sklearn.preprocessing import StandardScaler

scaler = StandardScaler()
```

このオブジェクト「scaler」のメソッド「fit」を用いて、リスト5-40のように配列「orig_train」の内容を「学習」させます。

リスト5-40　標準化する配列をメソッド「fit」で学習

```
scaler.fit(orig_train)
```

つまり、「scaler」は配列「orig_train」からなる分布だけを標準化するように学習します。

変換にはメソッド「transform」を用い、返還後は別の配列「psv_train」に入れることにします。リスト5-41のとおりです。

リスト5-41　メソッド transformを用いて標準化

```
psv_train=scaler.transform(orig_train)
```

この「psv_train」の内容は、抜粋すると、リスト5-42のようになります。

リスト5-42　「psv_train」の内容抜粋

```
[[-1.71606709  1.13029262]
 [-1.68280282  1.64556337]
 [-1.50724135  1.10254728]
```

```
...
[-0.01958896 -1.64820578]
[ 0.11162013 -1.30337075]
[ 0.23543716 -0.8634088 ]
...
[ 1.19825318  1.45927318]
[ 1.36642258  1.79221735]
[ 1.41816701  1.41963697]]
```

このように、マイナスから0付近、そしてプラスへと推移していく分布に変換されました。

配列の形を整える

「psv_train」の「x座標」は「スカラー値」ですが、「回帰モデル」に学習させるときも、要素が1つの配列に変換しなければなりません。

＊

今回は**リスト5-43**のように、「Numpy」の配列に備わっているメソッド「reshape」を用いてみましょう。

元の「psv_train」と同じ形に戻すには、すでに知っている「ravel」メソッドを使えばよいので、処理の流れがきれいに見えます。

変換後の配列が、学習用のx座標データ「Xsv_train」です。

リスト5-43　「x座標」を要素ひとつの配列にした配列「Xsv_train」

```
Xsv_train= psv_train[:,0].reshape(-1,1)
```

リスト5-44に、作成した「Xsv_train」のいくつかの要素を示します。
構造を確認してください。

リスト5-44　「Xsv_train」の最初のいくつかの要素

```
[[-1.71606709],
```

```
 [-1.68280282],
....
]
```

＊

対応する「y座標」の配列「y_train」もリスト5-45のように作っておきます。こちらは「スカラー値」の配列です。

リスト5-45　スカラー値の配列「y_train」

```
ysv_train=psv_train[:,1]
```

学習データが揃ったところで、プロットしてどのような分布になるか見てみましょう。

リスト5-45のように書けるので楽です。予告したとおり、「x座標」の配列にはメソッド「ravel」を用いています。

リスト5-46　点だけプロットしてみる

```
plt.plot(Xsv_train.ravel(), ysv_train, 'go') #緑色の丸
plt.show()
```

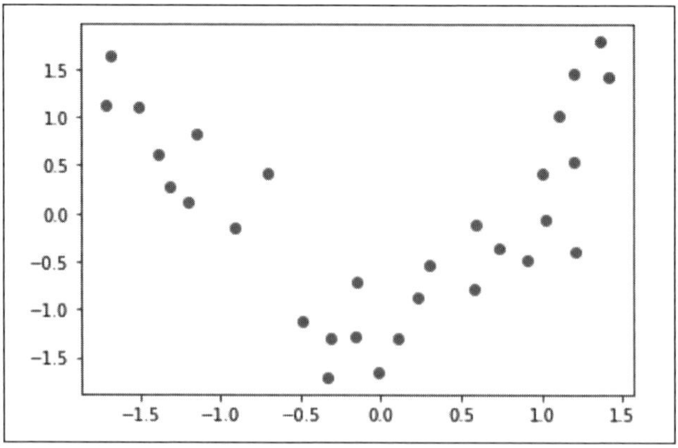

図5-20 psv-train.csvを標準化した分布

「サポート・ベクトル回帰モデル」の作成

「サポート・ベクトル回帰のモデル」は、「SVR」というクラスのオブジェクトです。

ここで、**リスト5-47**のように引数「C」を導入しておきましょう。

「C」は「正則化パラメータ」と呼ばれます。どういう意味があるか、あとで簡単に確かめます。

リスト5-47　サポート・ベクトル回帰のモデル

```
from sklearn.svm import SVR
regr_sv = SVR(C=100)
```

回帰モデルの学習にも、**リスト5-48**のようにメソッド「fit」を用います。

リスト5-48　「回帰モデル」に学習を行なわせる

```
regr_sv.fit(Xsv_train, ysv_train)
```

学習したモデルで近似曲線を予測

回帰モデルの予測を用いて、近似曲線を引きます。

分類のときのように、画面を塗りつぶす必要はなく、ただ関数「plot」を用いるだけなので、楽です。

*

まず、**リスト5-49**のように、学習データより少し広い範囲をとります。

リスト5-49　近似曲線を引く範囲

```
xsv_min = Xsv_train.ravel().min()-.5
xsv_max = Xsv_train.ravel().max()+.5
```

リスト5-49の「xsv_min」から「xsv_max」の範囲において、近似曲線を引くための「x座標」の配列を得ます。

今回は標準化してあるため、「x座標」の範囲が「-1」から「1」の付近と小さいので、**リスト5-50**のように「0.1」ごとに区切ります。

リスト5-50　近似曲線を引くための「x座標」の配列

```
xsv_plot = np.arange(xsv_min, xsv_max, 0.1)
```

リスト5-50の「xsv_plot」に回帰モデルのメソッド「predict」を用いて、近似曲線の「y座標」が予測され、「ysv_plot」に代入されます。

リスト5-51のとおりです。

リスト5-51　「predict」メソッドを用いて「y座標」の配列を予測する

```
ysv_plot = regr_sv.predict(xsv_plot.reshape(-1,1))
```

これをまずリスト5-52のようにプロットしてみましょう。

リスト5-52　学習データと近似曲線をプロットする

```
plt.plot(Xsv_train.ravel(), ysv_train, 'go')
plt.plot(xsv_plot, ysv_plot)
plt.show()
```

図5-21のようになりました。

曲線は点群の間をよく通り抜けていますが、両端が曲がっています。

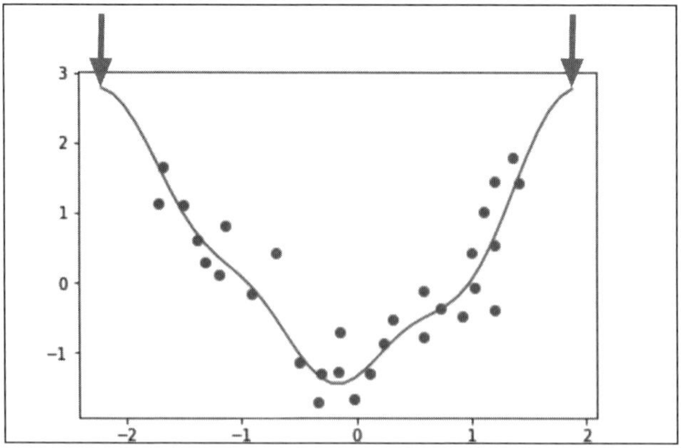

図5-21　サポート・ベクトル回帰モデルで予測した近似曲線。両端が曲がっている。

「パラメータC」の意味

そこで、「SVC」オブジェクトに「C」の値を設定しないでモデルを作り、同じ点で学習させた結果と比べてみましょう。

このとき、「C」には自動で「1」が割り当てられます。

リスト5-53では近似曲線のy座標「ysv_plot1」を得るところまで行っています。

リスト5-53　「C =1」で「サポート・ベクトル回帰モデル」を作成

```
#オブジェクト作成
regr_sv1=SVR()

#学習データで学習を行わせる
regr_sv1.fit(Xsv_train, ysv_train)
#モデルを使って近似曲線のy座標を予測、変数名を別にしておく
ysv_plot1 = regr_sv1.predict(xsv_plot.reshape(-1,1))
```

2つのグラフを並べる

2つのグラフを比べるには、「Matplotlib」の関数「subplot」を用いて、リスト5-54のように“パパっ”とできます。

忘れているようであれば、リスト4-19で確認できます。

両グラフの枠のスケールを合わせるために、関数「axis」を用います。これもリスト4-23でやっています。

本当は算出される「ysv_plot」と「ysv_plot1」の最大値を比較して…とするべきですが、図5-21の結果でだいたい表示すべき枠の範囲が分かったので、簡単に数値を直接打ち込んでしまいました。

リスト5-54　「C=100」と「C=1」の場合を比べてみよう

```
plt.figure(figsize = (9,4))

#C=100の場合
plt.subplot(121)
plt.plot(Xsv_train.ravel(), ysv_train, 'go')
plt.plot(xsv_plot, ysv_plot, label='C=100') #ここが違う
plt.axis([-2,2,-2,3]) #前の結果に基づいてズルしてしまいました
plt.legend()

#C=1の場合
plt.subplot(122)
plt.plot(Xsv_train.ravel(), ysv_train, 'go')
plt.plot(xsv_plot, ysv_plot1, label = 'C=1')#ここが違う
plt.axis([-2,2,-2,3])
plt.legend()

plt.show()
```

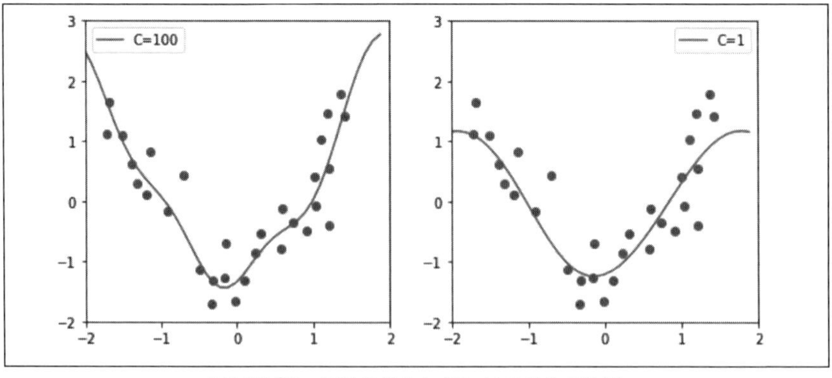

図5-22 「C=100」の場合と「C=1」の場合の比較

「C=100」では、たくさんの点を通る曲線になっていますが、いったいどういう規則があるのかつかめません。

一方、図5-22で見るように、「C=1」では、曲線は三角関数的に滑らかです。

平均から離れた領域で、点群から離れているものの、曲線と点が近い領域では説明しやすいものになっています。

＊

つまり、「C」の値が増えると、なるべく個々の点に合わせようとするのです。

「C」の値は最低で「1」ですが、「C」が小さいとなるべく全体を説明できる線を引こうとします。

これは「正則化」とよばれる働きで、「C」の値は「正則化の強さの逆数」に相当します。

「テスト・データ」の「標準化」はどうするのか

さて、このデータには「テスト・データ」があります。「psv_test.csv」です。

しかし、リスト5-54などのプロットは「標準化」がなされています。「テスト・データ」をこの図に重ねるには、どうすればいいのでしょうか。

＊

実は、「学習データ」で行なった「標準化」をそのまま「テスト・データ」にも適用すればいいのです。

「テスト・データ」の値をまぜて「標準化し直す」のではありません。

＊

「学習データの標準化」は、ただ「平均や標準偏差を変換」しているのではなく、「予測データも、この学習データの分布と同じ分布に入っている」という意味をもつからです。

ですから、「予測データ」を「学習データ」の分布に入るように変換するのです。

リスト5-39〜40で、配列「orig_test」で学習させたオブジェクト「scaler」をそのまま、「学習データ」の変換にも用います。

リスト5-55でファイルから読み込んだ「テスト・データ」を、リスト5-56のように変換します。

リスト5-55　「テスト・データ」を読み込む

```
orig_test=[]
with open('mydata/psv-test.csv', newline='') as f:
    csvreader = csv.reader(f, delimiter=',')
    for row in csvreader:
        orig_test.append(
            np.array([float(row[0]), float(row[1])])
        )
orig_test = np.array(orig_test)
```

リスト5-56　「テスト・データ」を「学習データ」に合わせて変換

```
psv_test = scaler.transform(orig_test)
```

今までのプロットに「テスト・データを」ただ加えるだけでは面白くないので、同時に「C=10」にした結果と「C=1」の結果を比べてみましょう。

リスト5-57のように、「C=10」でサポート・ベクトル回帰モデル「regr_sv10」を作り、近似曲線のy座標「ysv_plot10」を得ます。

リスト5-57　「C=10」のモデルで近似曲線の「y座標」を得る

```
regr_sv10=SVR(C=10)
regr_sv10.fit(Xsv_train, ysv_train)
ysv_plot10 = regr_sv10.predict(xsv_plot.reshape(-1,1))
```

リスト5-54と同様の形式で、「テスト・データ」を加えて2つのサブプロットを表示します。リスト5-58の通りです。

リスト5-58　「テスト・データ」も加えて、「C=1」と「C=10」の場合を比較

```
plt.figure(figsize = (9,4))


#C=1の場合
plt.subplot(121)
```

```
plt.plot(Xsv_train.ravel(), ysv_train, 'go')
plt.plot(psv_test[:,0], psv_test[:,1], 'ko') #テスト・データ
plt.plot(xsv_plot, ysv_plot1, label='C=1') #C=1の近似曲線
plt.axis([-2,2,-2,3])
plt.legend()

#C=10の場合
plt.subplot(122)
plt.plot(Xsv_train.ravel(), ysv_train, 'go')
plt.plot(psv_test[:,0], psv_test[:,1], 'ko') #テスト・データ
plt.plot(xsv_plot, ysv_plot10, label = 'C=10') #C=10の近似曲線
plt.legend()
plt.axis([-2,2,-2,3])
plt.show()
```

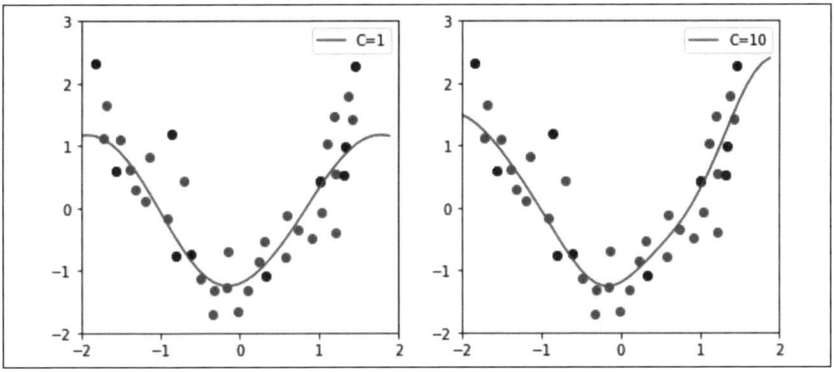

図5-23　「C=1」の場合と「C=10」の場合の比較

「テスト・データ」も「学習データ」と同じ分布で表示できました。

このデータは人工的に作ったものなので、これ以上の評価はしませんが、パラメータ「C」の値を用途に応じて調整するべきであることが分かります。

5-9 回帰モデル「決定木回帰」

決定木も回帰分析に使えます。特に、バラつきがあるデータの傾向を見るのに適しています。クラス「DecisionTreeRegressor」を用います。

決定木回帰用のデータ

「決定木回帰」の使用に向いている「バラつきのあるデータ」を、「mydata 」フォルダ中のファイル「pdt.csv」に用意しました。

リスト5-39のように読み込んで、配列「pdt」に納めます。

なお、これから作る近似曲線で、すでに「予測」の様子が分かるので、「テスト・データ」は使いません。

リスト5-59　決定木回帰用のデータを読み込んで配列に収める

```
pdt=[]
with open('mydata/pdt.csv', newline='') as f:
    csvreader = csv.reader(f, delimiter=',')
    for row in csvreader:
        pdt.append(
            np.array([float(row[0]), float(row[1])])
        )
pdt = np.array(pdt)
```

決定木回帰モデルの作成

決定木回帰のモデルは、「DecisionTreeRegressor」というクラスのオブジェクトです。

*

このクラスの主なパラメータは、分岐の回数で、引数「max_depth」で表わされます。

引数を与えられないと、すべてのデータを分割仕切るまで分割を続けます。

「max_depth」を与えないものと、「max_depth=3」にしたものと、分類モデルを２つ作って比べてみましょう。リスト5-60のとおりです。

リスト5-60　引数「max_depth」の違う決定木回帰モデルを2つ作成

```
from sklearn.tree import DecisionTreeRegressor

regr_dt = DecisionTreeRegressor() #分岐を最後まで行う
regr_dt3=DecisionTreeRegressor(max_depth=3)
```

回帰モデルの学習のために、リスト5-61のように配列「pdt」の内容を「Xdt」と「ydt」に分けます。

「Xdt」は「要素一個の配列」の配列です。リスト5-61はモデルの学習まで行なっています。

リスト5-61　決定木回帰モデルの学習のために、読み込んだデータを別の配列に整える

```
Xdt= pdt[:,0].reshape(-1,1)
ydt= pdt[:,1]

#二つのモデルを学習させる
regr_dt.fit(Xdt, ydt)
regr_dt3.fit(Xdt, ydt)
```

近似曲線の作成とプロット

学習させた2つの「決定木回帰モデル」から、リスト5-62のようにそれぞれ近似曲線の「y座標」を予測します。

リスト5-62　学習させた決定木回帰モデルを用いて、近似曲線のy座標を予測

```
xdt_min = Xdt.ravel().min()-0.5
xdt_max = Xdt.ravel().max()+0.5
xdt_plot = np.arange(xdt_min, xdt_max,0.1)

#二つのモデルからそれぞれ得たy座標の配列
ydt_plot = regr_dt.predict(xdt_plot.reshape(-1,1))
ydt_plot3 = regr_dt3.predict(xdt_plot.reshape(-1,1))
```

２つの「決定木回帰モデル」を用いた近似曲線を、「学習データ」と並べて表示させてみましょう。**リスト5-63**のとおりです。

リスト5-63　2つの決定木回帰モデルで近似曲線を比較

```
plt.figure(figsize = (9,4))

#分岐を最後まで行う
plt.subplot(121)
plt.plot(Xdt.ravel(), ydt, 'ro')
plt.plot(xdt_plot, ydt_plot, label='max_depth=None')
plt.legend()

#max_depth=3
plt.subplot(122)
plt.plot(Xdt.ravel(), ydt, 'ro')
plt.plot(xdt_plot, ydt_plot3, label='max_depth=3')
plt.legend()

plt.show()
```

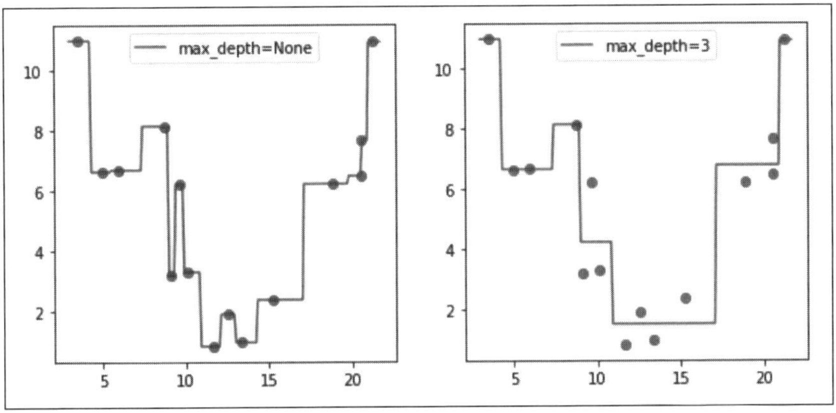

図5-24　「決定木回帰モデル」による近似曲線を分岐の深さで比べる

今回読み込んだデータに関しては、すべてのデータを通るように分割を繰り返す意味があるとは言えません。

むしろ、「max_depth」の数を制限して、分割を途中でやめたほうが全体の様子が掴めるようです。

5-10　回帰モデル「k近傍回帰」

最後に、「k近傍法」を用いた回帰を行なってみましょう。

滑らかな点の並びを表現するのに用います。

「k近傍回帰モデル」には、「KNeighborsRegressor」というクラスが使えます。

k近傍回帰用のデータ

k近傍回帰に向いている「滑らかなデータ」をファイル「pnn.csv」に用意しました。

＊

リスト5-64のように読み込んで、配列「pnn」に納めます。この実践でも、テスト・データは使わず、近似曲線がどのように描かれるかを眺めるにとどめます。

リスト5-64　「k近傍回帰用データ」を読み込んで配列に収める

```
pnn=[]
with open('mydata/pnn.csv', newline='') as f:
    csvreader = csv.reader(f, delimiter=',')
    for row in csvreader:
        pnn.append(
            np.array([float(row[0]), float(row[1])])
        )
pnn = np.array(pnn)
```

k近傍回帰のモデルを作成

「k近傍回帰」のモデルは、「KNeighborsRegressor」というクラスのオブジェクトです。

この主なパラメータは、以下の2つです。

●キーワードなしで、最初に与える引数

「k近傍」の「k」の値です。引数を与えられないと、初期値5が採用されます。

●キーワードweight

「引数」を与えられないと、「重み」をつけない'uniform'が採用されます。他には、距離によって「重み」をつける'distance'があります。

ここでは、引数「weight」を'uniform'と'distance'にした回帰モデルを２つ作って比べてみましょう。

「k」の値は初期値「5」をそのまま用います。リスト5-65のとおりです。

リスト5-65　引数「weight」の違う「k近傍回帰モデル」を2つ作成

```
from sklearn.neighbors import KNeighborsRegressor
regr_nn = KNeighborsRegressor()
regr_nnw =KNeighborsRegressor(weights='distance')
```

「k近傍回帰モデル」の学習のために、配列「pnn」の内容を「Xnn」と「ynn」に分けます。

「Xnn」は「要素一個の配列」の配列です。こうした処理法は、サポート・ベクトル回帰や決定木回帰のモデルの学習と同じです。リスト5-66は、モデルの学習まで行なっています。

リスト5-66　「k近傍回帰モデル」の学習のために、読み込んだデータを別の配列に整える

```
Xnn= pnn[:,0].reshape(-1,1)
ynn= pnn[:,1]

#二つのモデルを学習させる
regr_nn.fit(Xnn, ynn)
regr_nnw.fit(Xnn, ynn)
```

近似曲線の作成とプロット

学習させた2つの「k近傍回帰モデル」から、それぞれ近似曲線の「y座標」を予測します。リスト5-67のとおりです。

リスト5-67　学習させた「k近傍回帰モデル」を用いて、近似曲線の「y座標」を予測

```
xnn_min = Xnn.ravel().min()-0.5
xnn_max = Xnn.ravel().max()+0.5
xnn_plot = np.arange(xnn_min, xnn_max,0.1)

#二つのモデルからそれぞれ得たy座標の配列
ynn_plot = regr_nn.predict(xnn_plot.reshape(-1,1))
ynn_plotw = regr_nnw.predict(xnn_plot.reshape(-1,1))
```

２つの「k近傍回帰モデル」を用いた近似曲線を、「学習データ」と並べて表示させてみましょう。リスト5-68のとおりです。

リスト5-68　2つの「k近傍回帰モデル」で近似曲線を比較

```
plt.figure(figsize = (9,4))

#重みは均一
plt.subplot(121)
plt.plot(Xnn.ravel(), ynn, 'mo')
plt.plot(xnn_plot, ynn_plot, label='uniform')
plt.legend()

#距離で重みをつける
plt.subplot(122)
plt.plot(Xnn.ravel(), ynn, 'mo')
plt.plot(xnn_plot, ynn_plotw, label='distance')
plt.legend()

plt.show()
```

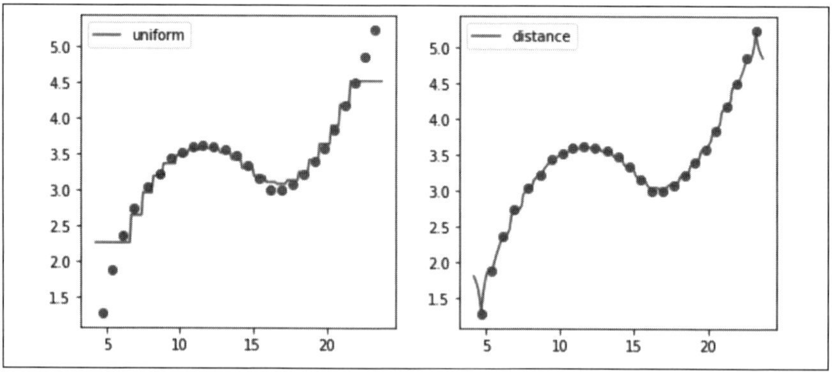

図5-25 k近傍回帰モデルによる近似曲線を重みの有無で比べる

図5-25のように、距離による「重み」のあるほうが近似曲線の適合範囲が広く得られました。

＊

以上、「scikit-learn」を用いた「機械学習」の実践例でした。

「機械学習」のモデル自体は非常に簡単で、「データから配列を作る」ことと「グラフを表示する」ことのほうに労力が必要です。

同じようなコードはつまらなかったかもしれませんが、「コピーペースト」して「変数名」を変えるだけでも、コードに慣れることができたと思います。

＊

本章によって、これらの前処理・後処理で臆することなく、機械学習自体に集中できるようになることを願います。

第6章

「TensorFlow-Keras」で「ディープ・ラーニング」

本章の最後に、「TensorFlow」上の「Keras」ライブラリで、「ディープ・ラーニング」を実践します。

この手法は、20年くらい前から画像認識の手法として使われはじめ、急速に発展して、手法・応用分野ともに拡張を続けています。

同時に、「必要なデータ量」や「ハードウェアの処理性能」も上がっています。

本章で扱うのは、その最も基本の、すでに「古典的」とさえ呼ばれている手法で、手元のパソコンで行なえる程度の範囲にとどめます。

6-1 古典的データセット「MNIST」

「ディープ・ラーニング」の学習用定番データセット「MNIST」を、本書でも用います。

これは、「TensorFlow-Keras」のライブラリとして、すぐに読み込めます。

中身を見るのも、やっぱり、「Matplotlib」です。

「MNIST」とは

機械学習の古典的なデータセットは「アイリス・データ」でした。

「ディープ・ラーニング」にも同じように、親しまれている基本的標準的なデータセットがあります。それが「MNIST」と呼ばれる、「手書き数字」のデータです。

*

「MNIST」は「NIST」のデータを「Modify」(修正)したという意味の名前で、「NIST」はアメリカの「国立技術標準研究所」のことです。

ここでは、アメリカの国勢調査員さんと高校生のみなさんが手で書いた「0」から「9」までの数字の画像を、集めたものを元にしてあります。

データセットは公開されており、「scikit-learn」や「TensorFlow-Keras」で、ライブラリとして読み込めます。

データの数はなんと学習用で「6万件」、テスト用で「1万件」です。

機械学習一般のサンプルですが、データ数を必要とする「ディープ・ラーニング」の最初の一歩として適しています。

※なお、「学習用」と「テスト用」が分かれているのは、同じデータを用いて異なる手法の性能を比較できるようにするためで、データの性質に違いはありません。

「MNIST」を導入する

「TensorFlow-Keras」で「ディープ・ラーニング」を実践するために、新しい「Jupyter Notebook」のファイル、「tensorflow」を作ります。

これまで使っていたファイル「scikit-learn」は、「シャットダウン」によって、サーバとの接続を切っておくと、メモリの節約になります。

＊

まず、ライブラリ「mnist」をインポートします。

これは、「TensorFlow」上の「Keras」ライブラリの中にあります。

リスト6-1　モジュール「mnist」をインポート

```
from tensorflow.keras.datasets import mnist
```

ライブラリ「mnist」は、「MNISTデータセット」の内容と、それを扱うメソッドなどが一緒になっています。

データは、関数「load_data」で読み込みます。

＊

とにもかくにも、これを変数「mnist_data」で受け取ってみましょう。

リスト6-2　データを読み込む

```
mnist_data = mnist.load_data()
```

「学習データ」「テスト・データ」を分ける

変数「mnist_data」には「学習データ」も「テスト・データ」も、「画像データ」もラベルも入っています。

それらがどのように配置されているか、調べてみましょう。

＊

これは、「Jupyter Notebook」上だからできることですが、**リスト6-3**のようにセルに書いて実行すると、受け取ったデータの内容の「概要」が見れます。

実に全部で7万件のデータですから、まともに出力すると大変なことになりますが、ちゃんと省略表示してくれます。

リスト6-3　読み込んだデータの内容を省略表示

```
mnist_data
```

＊

最初の部分は、図6-1のように記されており、これで以下のような構造が把握できます。

・2重のタプル
・要素はNumpyの配列型
・配列の配列の配列

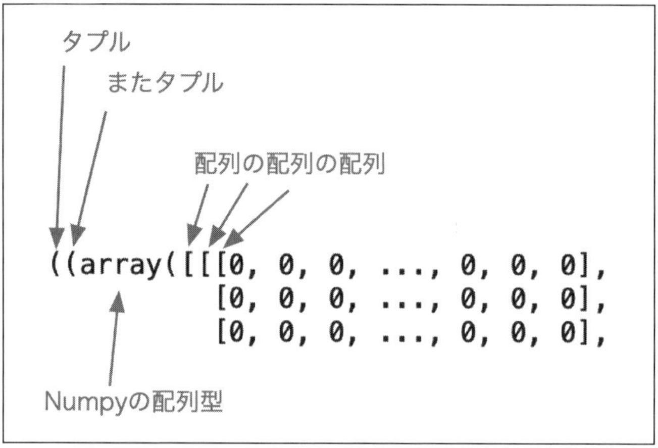

図6-1　読み込んだデータの構造を推定する

2重のタプルに入っている要素は「Numpy」の配列型ですから、プロパティ「shape」で構造を調べることができます。

リスト6-4のように出力させると、タプルの最初の要素は60,000件の「画像データ」と「ラベル」からなり、画像データの大きさは「28×28」ピクセルであることが分かります。

リスト6-4　タプルの最初の要素の構造

```
print(mnist_data[0][0].shape)
print(mnist_data[0][1].shape)
```

[実行例6-4]

```
(60000, 28, 28) #28x28の画像データが6万件
(60000,)  #ラベルデータが6万件
```

そこで、**リスト6-5**のように「学習用の画像データ」と「ラベル」を取り出すことができます。

「テスト用」についても、同様です。

リスト6-5　「学習用」と「テスト用」のデータを取り出す

```
(X_train, y_train) = mnist_data[0] #学習用
(X_test, y_test) = mnist_data[1] #テスト用
```

「画像データ」の中身

「学習用データ」の中身を書き出すと、ほとんどの要素は「0」ですが、「255」に近い値が続いて出てきます。

これらが、「字」になっている画素です。

もっと値が小さい要素は、「滲《にじ》み」や「カスレ」、「払い」の「裾《すそ》」の部分になっている画素と考えられます。

リスト6-6では、「画像データ6,000件」のうちの「0番目」の要素を、変数「img0」として、その中身を出力させます。

図6-2は、その結果の最初のほうです。

リスト6-6　学習用画像データの最初の中身

```
img0 = X_train[0]
print(img0)
```

```
[[  0   0   0   0   0   0   0   0   0   0   0   0   0   0   0   0   0   0
    0   0   0   0   0   0   0   0   0   0]
 [  0   0   0   0   0   0   0   0   0   0   0   0   0   0   0   0   0   0
    0   0   0   0   0   0   0   0   0   0]
 [  0   0   0   0   0   0   0   0   0   0   0   0   0   0   0   0   0   0
    0   0   0   0   0   0   0   0   0   0]
 [  0   0   0   0   0   0   0   0   0   0   0   0   0   0   0   0   0   0
    0   0   0   0   0   0   0   0   0   0]
 [  0   0   0   0   0   0   0   0   0   0   0   0   0   0   0   0   0   0
    0   0   0   0   0   0   0   0   0   0]
 [  0   0   0   0   0   0   0   0   0   0   0   0   3  18  18  18 126 136
  175  26 166 255 247 127   0   0   0   0]
 [  0   0   0   0   0   0   0   0  30  36  94 154 170 253 253 253 253 253
  225 172 253 242 195  64   0   0   0   0]
 [  0   0   0   0   0   0   0  49 238 253 253 253 253 253 253 253 253 251
   93  82  82  56  39   0   0   0   0   0]
 [  0   0   0   0   0   0   0  18 219 253 253 253 253 253 198 182 247 241
    0   0   0   0   0   0   0   0   0   0]
 [  0   0   0   0   0   0   0   0  80 156 107 253 253 205  11   0  43 154
```

図6-2 リスト6-6の出力結果の最初のほう

＊

もっとエレガントな方法があります。

「Matplotlib」の「pyplot」です。「imshow」という関数を用います。

リスト6-6の「img0」について、リスト6-7のように書いて実行してみましょう。

リスト6-7 画像データについて「imshow」を用いる

```
import matplotlib.pyplot as plt

plt.imshow(img0, cmap='gray')
plt.show()
```

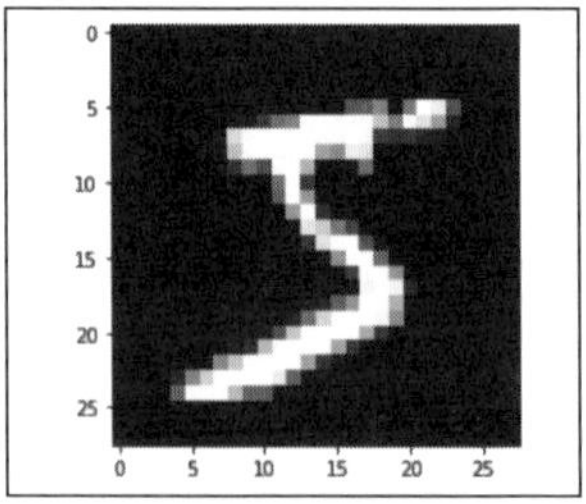

図6-3 リスト6-7の実行結果

図6-3は、黒地に白の出力になっています。

これは、白を「255」、黒を「0」とする「明度データ」での出力だからです。

＊

さて、これは、もしかして「5」でしょうか。

リスト6-8のように「0番目」の要素のラベルを出力させると、そのとおり「5」と出力されました。人間の目の正解率もなかなかのものです。

リスト6-8 「0番目」の要素のラベルは？

```
print(y_train[0])
```

データを「0」から「1」の範囲に納める

リスト6-5によって変数「X_train」と「X_test」に納まったデータを、**リスト6-9**のようにして、それぞれ「0」から「1」の範囲に収めます。

「Numpy」の配列なので、このような計算で各要素がすべて「255」で割られます。かつ、小数として残るように、「255.0」で割ります。

リスト6-9 画素データを「0」から「1」の範囲に納める

```
X_train = X_train/255.0
X_test = X_test/255.0
```

6-2 「全結合層」によるネットワークの仕組み

「ニューラル・ネットワーク」の最も基本的な形、「全結合層」の構造を用いて、ニューロンとは何か」「どうやって画像を認識するのか」を、きわめてざっくり示します。

「全結合層」とは

画像を分類する「ニューラル・ネットワーク」を、最も基本的な形である「全結合層」で作ってみましょう。

＊

「ニューラル・ネットワーク」は、ニューロン層が複数重なった構造ですが、「任意の層の各ニューロンが、前の層のすべてのニューロンから情報を受け取る」という層の構造を、**「全結合層」**と呼びます。

＊

図6-4は、ごく簡単な「全結合層」の考え方です。前の層に4つ、後ろの層に3つニューロンがあるとき、後ろの層の3つのニューロン１つ１つが、前の4つのニューロンのデータをすべて受け取ります。

このとき、後ろの層が「全結合層」です。

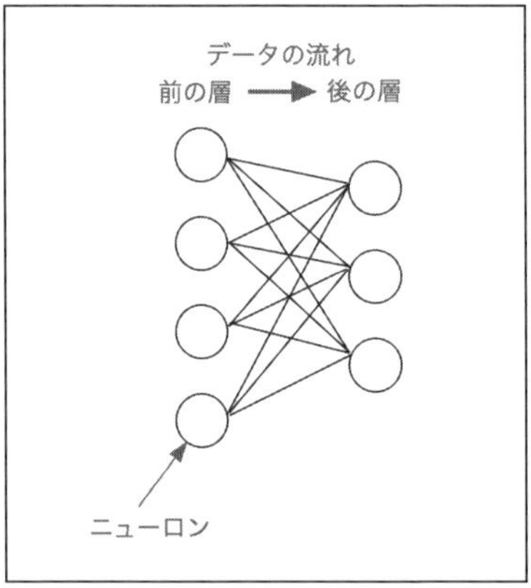

図6-4　「全結合層」の模式図

ニューロンが100個などある層の前後でこういうやりとりが行なわれると、もう図にも描けない結合の多さになります。

全結合層で画像をどう認識するのか

「全結合層」で画像を認識する仕組みを、ものすごく簡単な例で説明します。

＊

図6-5のように、9個の画素からなる“十字”の模様を認識するとします。

図6-5 9個の画素からなる「十字」の模様

これをまず、**図6-6**のように「0,1」の2値で表わします。すぐに、見当がつくでしょう。

0	1	0
1	1	1
0	1	0

図6-6 十字の模様を2値化する

「全結合層」は、すべてのデータをニューロンに送りますから、「3×3」の配列になっているデータを1次元の配列にします。

図6-6の各要素を、「左上隅から横方向」、次に「一段下をまた横方向」と読んで行き、順に「$x_1 .... x_9$」とすると、

$x_1 = 0,\ x_2 = 1,\ x_3 = 0,\ x_4 = 1,\ x_5 = 1,\ x_6 = 1,\ x_7 = 0,\ x_8 = 1,\ x_9 = 0$

となります。

コンピュータでは、要素を「0」から数えるのが普通ですが、数学の行列では「1」から数えるが普通なので、ここでは「1」から数えています。

このとき、次の6つの場合を「『線』が引かれる」とします。

(1) 上の横一行が全部1になる
(2) 中の横一行が全部1になる。
(3) 下の横一行が全部1になる。
(4) 左の縦一列が全部1になる。
(5) 中の縦一列が全部1になる。
(6) 右の縦一列が全部1になる。

このうち、「十字の模様である」とは、(2)と(5)が「YES」の場合です。

(1)の場合は、**式6-1**のように表わすことができます。
記号「・」は、「乗算」の記号と考えてください。
「×」(カケル)だと変数「x」と紛らわしいので、この表現をしています。

[式6-1] 左の横一行が全部1になる場合

$$z_1 = 1 \cdot x_1 + 1 \cdot x_2 + 1 \cdot x_3 + 0 \cdot x_4 + 0 \cdot x_5 + 0 \cdot x_6 + 0 \cdot x_7 + 0 \cdot x_8 + 0 \cdot x_9$$

として

$z_1 > 2$なら YES

$z_1 <= 2$なら NO

式6-1で、左の横1行「x_1,x_2, x_3」がすべて「1」なら、「z_1」は「3」となり、「YES」の条件が満たされます。
「x_4〜 x_9,」の値が何であっても、係数が「0」なので関係ありません。

同じように、「中の横1行が全部1になる場合」は、**式6-2**の場合です。

[式6-2] 中の横一行が全部1になる場合

$$z_2 = 0 \cdot x_1 + 0 \cdot x_2 + 0 \cdot x_3 + 1 \cdot x_4 + 1 \cdot x_5 + 1 \cdot x_6 + 0 \cdot x_7 + 0 \cdot x_8 + 0 \cdot x_9$$

として

$z_2 > 2$なら YES

$z_2 <= 2$なら NO

「ニューロン」とは、小さなプログラム

式6-1や式6-2のような計算をする、小さなプログラムが「ニューロン」です。

生物のニューロンは、細胞の中の電解質の移動により、一定の電圧がかかったときに、「放電」という形で他のニューロンに信号を送ります。

"小さなプログラム"であるニューロンは、計算した結果がある一定値より大

きいかどうかで、「YES」(数値にして「1」)か「NO」(数値にして「0」)を返します。

そして、生き物的に言えば、**式6-1**を計算するニューロンは、「いちばん上に直線があるかどうかを注目している」ことになります。

＊

このようにして、(1)～(6)のすべての場合を計算して、(2)と(5)だけから信号「1」が送られてくれば、「中の横一行と、中の縦1行だけが直線である。すなわち十字模様である」と判定できるのです。

＊

全体の流れを**図6-7**に示します。

「重み」と「バイアス」

式6-1をもっと一般的に書くと、入力値「$x_1....x_9$」のそれぞれに、重み「$w_{11}...$ $.w_{19}$」を付けた形で**式6-3**のように表わしたことになります。

［式6-3　式6-1をもっと一般的に書く］

$$z_1 = w_{11}x_1 + w_{12}x_2 + w_{13}x_3 + w_{14}x_4 + w_{15}x_5 + w_{16}x_6 + w_{17}x_7 + w_{18}x_8 + w_{19}x_9$$

ただし

$w_{11}= 1,\ w_{12}= 1,\ w_{13}= 1,\ w_{14}= 0,\ w_{15} = 0,\ w_{16}= 0,\ w_{17}= 0,\ w_{18}= 0,\ w_{19}= 0$

として

$z_1 > b$ なら YES

$z_1 <= b$ なら NO

ただし

$b = 2$

図6-7では、**式6-3**の考え方でもって、各ニューロンにおいて、最適な重みとバイアスを決めたことになります。

十字模様は対象的なので、6つのニューロンの「バイアス」はすべて同じですが、ニューロンによって「バイアス」は異なるのが普通です。

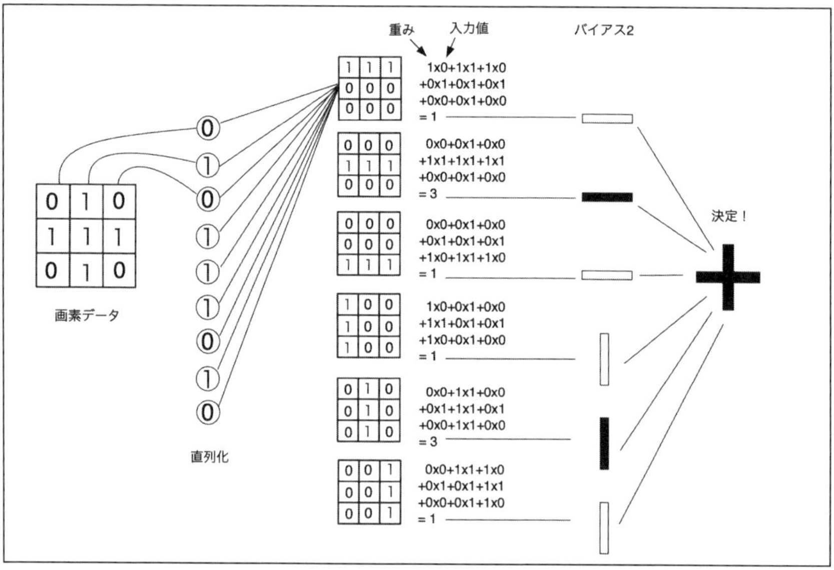

図6-7 非常に簡単な「全結合層による画像認識」の仕組み

「ニューロン」を表わす式のまとめ

1つのニューロンについてまとめると、ベクトル $x = [x_1, x_2, ...x_9]$、$w = [w_{11}, w_{12}, ... w_{19}]$ と置いて、**式6-5**のように表現できます。

[式6-5] ニューロンの入力値と重み、バイアスを表わす式

```
z = w・x + b
が　正なら 1、
0以下なら0または-1
```

式6-5で、「・」は内積（スカラー積）なので、スカラー値bと加算ができます。

図6-7および**式6-1**〜**式6-4**までは、「バイアス」を「2」として大きさを比べていましたが、**式6-5**では、加算の結果が正負になるかどうか判断するので、バイアスは「-2」と表わされることになります。

活性化関数

式6-5で、「zが正なら1、0以下なら0または-1」というところを、ニューロンのプログラムでは、「if文」ではなく、「シグモイド」「tanh」「reLu」などの関数で表わします。

これらは「活性化関数」と呼ばれ、「活性化関数に引数zを渡した結果」がニューロンからニューロンへ送られます。

生物のニューロンは「信号を送るか送らないか」のどちらかであるとされていますが、プログラムのニューロンは、常に信号は送りますが、その値が異なるという仕組みになります。

■ 誤差の修正

図6-7の例は、「全結合層」による画像認識の簡単な例をどう表わそうかと筆者が必死で考えたものです。

「重み」は1個のニューロンに9個あり、そのニューロンが6個ですから、全部で54個になる重みの値を、どう決めれば直線を認識するニューロンになるかなぁと考えたものです。

図形が簡単なので、同じことを考えた方もおそらくいると思いますが、筆者は自分で3日くらい考えていました。

しかし、「ディープ・ラーニング」では、これらの「重み」の値は人が考えるのではなく、データを読み込んで計算によって調整します。

初期値はランダムに割り当てておき、「計算した値」と「真の値」との誤差が小さくなるように、「重み」の値を修正します。

*

「計算した値」とは、このあと、実際に導き出しますが、最終的に複数のニューロンから出ることを考えて、「配列」(ベクトル)で扱います。

たとえば、「手書きの数字」の判別なら、「0」から「9」までの数字それぞれに該当する確率の配列になります。

「5」と書いた画像の真の値は、「5」である確率が「1」で、他は「0」になるはずです。

計算した確率が「0」から「9」まで、どれも等しく「0.1」なら、まったく予測できていないことになります。

「3」と「5」との確率が高かったら、「3」の確率が低く「5」の確率が高くなるように重みを調整します。

もちろん、「バイアス」も調整しますが、「重み」の数のほうが圧倒的に多いので、**図6-8**では「重み」の調整に絞って説明しています。

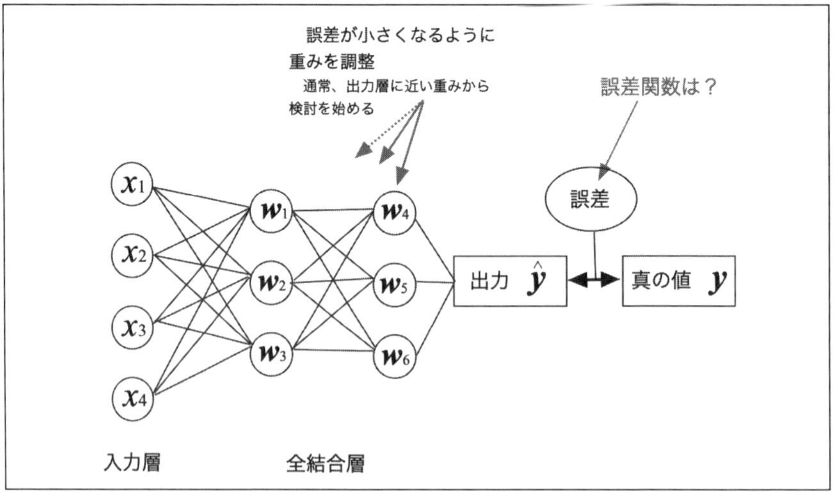

図6-8 「重み」を誤差が小さくなるように調整。これが学習。

図6-8に示したとおり、「重み」の調整もプログラムが「どの重みの値を動かしたときに、最終的な誤差の値が最も大きく変動するか」を調べて行くのです。

ただし、これはまったくの手当たり次第ではなく、ある程度、「偏微分による理論式」や、「アルゴリズム」を構築でき、いろいろな方法が提唱されています。

また、誤差の計算法にもいろいろあり、これらの有名な方法は、すでに「scikit-learn」や「Keras」のライブラリになっています。

*

以上、「全結合層」による画像認識の基礎を説明しました。

では、実際にプログラムを書いていきましょう。

*

「Jupyter Notebook」上で「MNIST」のデータを処理したファイル「tensorflow」上で引き続き作業します。

一度終了させた方は、最初のセルから実行し直してください。

6-3 「全結合型ネットワーク」による「画像分類」の実際

2-3節で、見るだけ見た「ニューラル・ネットワーク」のコードを、実際に書いてモデルを構築し、6-1節で準備した「MNIST」のデータで学習させてみましょう。

自分で書いた数字を、写真にとって認識させることもできます。

モデルの構造決定

第2章でご覧に入れましたが、「全結合層」からなる「ネットワーク・モデル」を構築します。

まず、「TensorFlow」のライブラリ全体は、「**tf**」という名前でインポートしましたが、細かいクラス名をいくつかインポートしておき、コードが長くなりすぎないようにします。

リスト6-10　「TensowFlow」のライブラリをインポート

```
#モデルの大枠的な構造
from tensorflow.keras import Sequential

#多次元配列を1次元に
from tensorflow.keras.layers import Flatten

#全結合層
from tensorflow.keras.layers import Dense
```

モデルの大枠的な構造を作り、変数「model」に渡します。

リスト6-11　モデルの大枠的な構造

```
model = Sequential()
```

「Sequential」モデルでは、メソッド「add」を用いて、ニューロン層を追加して行きますが、ニューロン層でなくてもデータを処理する関数もニューロン層と同じように「add」で追加できます。

リスト6-11に最初に追加するのは「Flatten」というオブジェクトですが、これは「28×28」の2次元配列である画像データを、1次元に「平坦(flat)化」する処理で、感覚的には「入力層」と言えるでしょう。

リスト6-12　「入力層」のようなもの

```
model.add(Flatten(input_shape=(28,28)))
```

*

その次が「**全結合層**」です。

「全結合層」は、「ニューロン層同士の結合密度が大きい」ということで、英語では「dense layer」と呼ばれることが多く、「Keras」でも、「Dense」というオブジェクトです。

リスト6-13 「全結合層」を加える

```
model.add(Dense(64, activation = 'tanh'))

#ニューロン数64個(経験値)
#活性化関数tanh
```

リスト6-13の「Dense」オブジェクトには、重要な引数が2つあります。

---

(1)キーワードなしの数字「64」は、この層に与えるニューロンの数で、普通は「2の累乗」です。

多ければ画素を細かく分類できますが、計算量も増えます。

この例では、精度を究極に突き詰めることはしないので、「64」くらいにしておきます。

(2)キーワード「activation」で与える変数は、「活性化関数」です。

関数オブジェクトを初期設定のままで渡すときは、決められた「関数名」を「文字列」にして渡します。ここで渡したのはご存知、「tanh」関数です。

＊

最後の**リスト6-14**が「出力層」に該当します。

ニューロン数が10個あるのは、「0」から「9」までの数字に相当し、これらのニューロン数から出力するのは、それぞれの数字である「確率」です。

ここで、活性化関数に「**softmax**」が指定されています。

「softmax」は「多次元版シグモイド」にあたる関数です。前の層から受け取った64個の情報から、10個の要素の値を一気に決めます。

リスト6-14 出力層 10つの数字に該当する確率が10個出る。

```
model.add(Dense(10, activation = 'softmax'))
```

モデルの詳細設定

「モデル」には、「ニューラル・ネットワーク」の「構造」だけでなく、その「学習方法」「評価方法」などの設定も含まれます。

これらを引数で指定し、完成するのが、リスト6-15のメソッド「compile」です。

リスト6-15 メソッド「compile」で、「学習方法」「評価方法」を設定

```
model.compile(optimizer ='adam' ,
            loss='sparse_categorical_crossentropy',
             metrics = ['accuracy'])
```

リスト6-15の引数には、すべてキーワードが付いており、その内容を理解するには「ディープ・ラーニング」の発展の歴史に沿った知識が必要ですが、ここでは簡単に説明します。

---

(1)optimizer: 誤差を充分小さくする方法

渡されている文字列'adam'は、「Adaptive Moment」という手法です。

「重み」などのパラメータの修正による誤差の変動を先読みして、修正の効率を高めます。

(2)loss: 誤差の評価法

'sparse_categorical_crossentropy'が渡されている文字列ですが、ごく簡単に説明すると、以下のとおりです。

sparse …………	線画のように余白が多い場合、配列の形を適当に変更する処理。
categorical ……	予測の目的が「分類(カテゴリ分け)」の場合に合わせた計算。
crossentropy …	「交差エントロピー」と呼ばれる方法で、データ1つ1つの誤差よりも、データ全体がどのような「確率分布」にあるかに注目した、積分的な誤差評価法。

(3)metrics: 精度の評価法

与えられている'accuracy'は、「正解率」と呼ばれるものです。

評価法はいくつかあり、複数同時に評価できるので「リスト」の形になっています。

モデルを学習させる

モデルの学習は、**リスト6-16**のようなメソッド「fit」で行ないます。

リスト6-16　メソッドfit

```
model.fit(X_train, y_train, epochs = 20)
```

メソッド「fit」の引数は、学習用画像データ「X_train」と、該当するラベル「y_train」、それに「epochs」というキーワードの「エポック数」(全学習データを全部読み込んで学習した回数)です。

すべてのデータを一回読んで終わりではなく、シャッフルしながら数回読み込みます。

＊

実行すると、**実行例6-16**のような出力が、20回分出ます。

環境によって出力には違いがありますが、大きくは変わらないはずです。

実行例6-16では6回分までしか示していませんが、「accuracy」の報告を見ると、すでに6回で「98.33%」の精度になっていることが分かります。

[実行例6-15]　学習中の出力一例

```
Epoch 1/20
1875/1875 [==============================] - 1s 512us/step - loss:
0.4802 - accuracy: 0.8629
Epoch 2/20
1875/1875 [==============================] - 1s 513us/step - loss:
0.1687 - accuracy: 0.9516
```

```
Epoch 3/20
1875/1875 [==============================] - 1s 543us/step - loss:
0.1171 - accuracy: 0.9664
Epoch 4/20
1875/1875 [==============================] - 1s 536us/step - loss:
0.0926 - accuracy: 0.9734
Epoch 5/20
1875/1875 [==============================] - 1s 534us/step - loss:
0.0720 - accuracy: 0.9791
Epoch 6/20
1875/1875 [==============================] - 1s 570us/step - loss:
0.0614 - accuracy: 0.9833
```

図6-9に出力の内容を示します。

「Epoch」は学習回数ですが、その下に「1875/1875」とあるのは、60,000件のデータをさらに1,875分割してシャッフルしながら読み込んだことを示しています。

つまり、シャッフルしながら32件ずつ取り出して読み込んだことになります。
この32件を「バッチ・サイズ」と呼び、メソッド「**fit**」の引数で変更できます。

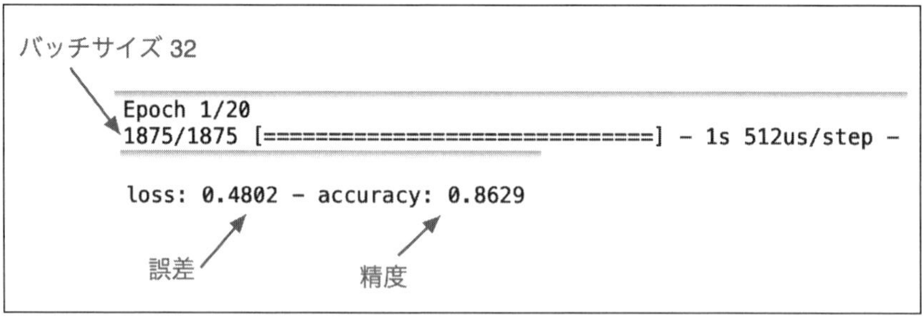

図6-9　実行例6-15の出力の内容

未知のデータの分類

実行例6-16のようにして、学習で得られた90％以上の精度は、学習データに対して得られたものです。

しかし、このモデルは、学習には使われていない、未知のデータを分類するためのものです。

それを評価するために、1万件の「テスト・データ」が用意されているわけですが、ここではその中のいくつかのデータを読みこんで「いくつになるかな」を楽しんでみましょう。

＊

リスト6-16の学習により、変数「**model**」が保持しているモデルは、未知の画像を読み込んで分類できるようになっています。

テスト用の1万件のデータのうち、たとえば最初（インデックス0）のデータをこのモデルで分類するには、**リスト6-17**のような書き方で「Tensor」というオブジェクトを得ます。

「Tensor」は物理で「テンソル」と呼ばれる配列の一種ですが、ここでは深く考えないことにして、このオブジェクトの中に含まれる「Numpy」の配列を取り出します。

リスト6-17　モデルからTensorオブジェクトを得て、Numpy配列の部分を取り出す

```
pred0 = model(np.array([X_test[0]])) #データ一つでも配列の配列にする
print(pred0.numpy())   #numpy配列の部分を取り出す
```

出力されるのは、**実行例6-17**のような要素が10個の配列（の配列）です。

これらは、読み込んだ画像データが「0」から「9」までの数字にそれぞれ該当する確率です。

細かい値はみなさんそれぞれの環境によって異なるでしょうが、大きな違いはないでしょう。

＊

実行例6-17で、「e-10」などとあるのは、10のマイナス10乗ですからとても小さな確率です。

しかし、その中に、１つだけ、「e-01」つまり小数点以下一桁の値があります。インデックスにして「7」にあたる箇所です。

[実行例6-17]　10個の要素の配列の、配列

```
[[2.0814254e-10 6.2554966e-12 1.8926318e-09 8.8496705e-07
9.5580304e-13
  1.1760716e-10 2.0772956e-15 9.9999917e-01 3.4205325e-08
6.3968684e-09]]
```

よく分かりませんから、**リスト6-18**のようにmax関数で取り出してみましょう。

リスト6-18　実行例6-16の10個の要素の最大値は？

```
pred0_rslt = pred0.numpy()[0] #配列の配列なので、最初の要素として取り出す
print(pred0_rslt.max())
```

[実行例6-18]　なんと99%

```
0.99999917
```

実行例6-18のように、大変高い確率の値を取り出せました。しかし、これは数字の何にあたるでしょうか。

リスト6-19のように「Numpy」の「**argmax**」関数を用いると、最大値にあたる要素のインデックスが取り出せます。

リスト6-19　実行例6-17の10個の要素の最大値は？

```
np.argmax(pred0.numpy())
```

[実行例6-19]

```
7
```

実行例6-19によって、「テスト・データ」の最初の画像の数字は「7」であるという予測がなされました。

これが本当かどうかは「y_test[0]」の値を出力させてみると分かります。

「7」と出たら、めでたく正しい分類がなされたことになります。

そこで、本書でも独自のサンプルを用意しました。フォルダ「mydata」の下にさらに「handwritten」というフォルダがあり、そこにいくつかの手書き画像の写真ファイルが入っています。

筆者があえて崩し気味に書いたいくつかの数字を写真にとって、「28×28」ピクセルに縮小したものです。

たとえば、「photo4.jpg」は**図6-10**のようなものです。

図6-10 photo4.jpg

これを、「MNIST」のデータと同じような形式にするには、**リスト6-20**のように、Pythonの「**PIL**」ライブラリを用います。

リスト6-20 図6-10の画像ファイルをMNISTと同じ形式のデータにする

```
from PIL import Image
sample4= Image.open('mydata/handwritten/photo4.jpg').convert('L')
sample4=np.array(sample4) #Numpy配列にする
```

リスト6-20のメソッド「convert」における引数 **'L'** は、Lightness、つまり「明度」の意味なので、**図6-3**の出力結果と同様に黒が「0」で白が「255」です。

そこで、**図6-10**などのサンプルは、黒地に白の画像にしてあります。

＊

このあとは、**リスト6-17**と同じように処理します。

「0」から「9」までの数字に該当する確率を、出力させてみましょう。**リスト**

6-21のとおりです。

リスト6-21　図6-10が0から9までの各数字に該当する確率

```
sample4=sample4/255.0
pred4=model(np.array([sample4])).numpy()
pred4_rslt=pred4[0]
print(pred4_rslt)
```

[実行例6-21]　わりと大きな数値の要素もある

```
[4.4854005e-05 7.3837754e-08 1.1522682e-01 1.6691526e-02
8.1373477e-01
 4.1311067e-03 1.1288913e-02 6.0423091e-03 3.2838888e-02
8.2354103e-07]
```

実行例6-21のように、今度は「e-01」の要素が2つあるなど、けっこうバラついています。

それでも、リスト6-22の結果に示すとおり、81%の確率で「4」と判定されました。

リスト6-22　実行例6-21の配列の要素の最大値をもつインデックスと、最大値を書き出させる

```
print(np.argmax(pred4_rslt),pred4_rslt.max())
```

[実行例6-22]　確率81%で「4」の字と判定

```
4 0.81373477
```

検討事項

以上、最も簡単な「ニューラル・ネットワーク」で画像分類を行ないました。

このあと、「ディープ・ラーニング」で考慮すべき事項は、ほぼ3つに分かれます。(1)精度、(2)処理効率、(3)汎化性能です。

精度を上げるには、「ニューロンの数」や「ニューロン層の数」を増やしたり、誤差の修正計算を細かく行なったりします。

一方、学習の精度を上げるために力を入れすぎると、処理に時間がかかったり、「学習データにはよく合うが、実際のデータには合わない」（汎化性能が悪い）などの問題が懸念されてきます。

「ディープ・ラーニング」では、これらの問題を解決するために、日々いろいろな手法が考案され、「TensorFlow」や「scikit-learn」などのライブラリに加えられてきています。

6-4　参考："畳み込み「ニューラル・ネットワーク」"

お疲れ様でした。
本章での学習と実践はこれで終わりですが、最後に、画像処理では主流となっている"畳み込み「ニューラル・ネットワーク」"について、ひとことだけ触れておきます。

"畳み込み「ニューラル・ネットワーク」"の概要

本章で構築したモデルは、データの扱いが最も単純な「全結合型」の「ニューラル・ネットワーク」でした。
どのニューロンも、「画像全体を読み込んで、そのニューロンに固有の値を算出していく」という方法です。

＊

これに対し、「2次元画像を2次元画像として、その小片ずつを読み込み、情報を重ね合わせて全体の画像情報を得る」という方法があります。
その代表例が**「畳み込み法」**です。

図6-11は「畳み込み法」の最も簡単な考え方です。

「カーネル」と呼ばれる小さな配列を、画像データの一部に重ね合わせて、重なり合った要素同士での掛け算をします。

こうして、各部の画像の特徴を抽出し、最後に全体を組み合わせます。

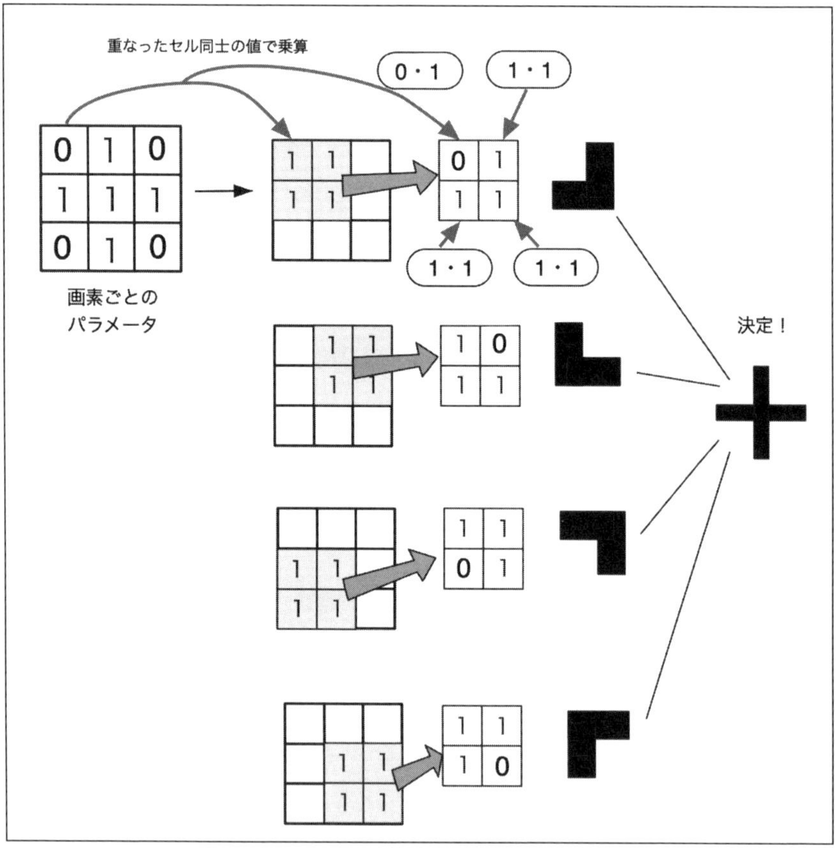

図6-11　「畳み込み法」の最も簡単な概要

本書では、詳細や実践方法までは述べませんが、現在「画像処理」と言えばこのような“畳み込み「ニューラル・ネットワーク」”(省略語は、「CNN」)が主要です。

それでも、モデルの構築には、「Dense」に変えて「Conv2D」というニューロン層のオブジェクトを追加するだけですから、基本的な方法は、本章で行なったのと変わりません。

＊

いかがでしたでしょうか。

本書の中で最も難しかったのは、「配列の扱い」と、「グラフの表示」だったかもしれません。

AIモデル自体は、ライブラリが整っていて、異なるライブラリを同じ作業の流れで用いることができるように考慮されて作られています。

世の中で、「プログラミング不要のAI作成ツール」が提供されているのも、このようにモデルの構築法が整えられているからです。

本書をきっかけに、多くの方が恐れることなく「機械学習」や「AI」の世界に入っていければと願います。

[付録] 機械学習の基礎知識

本書は、目で見て、手を動かす実践中心で解説しました。

その代わり、機械学習の入門講座などで、最初に黒板に書いて示されるような基礎事項を大胆に飛ばしています。

そこで、基礎的な用語で困らないように、この「巻末付録」に、用語解説を中心にした基礎知識を残しておきたいと思います。

[A] 「機械学習」の種類

■ (1) 教師あり学習

本書で扱った機械学習(ディープ・ラーニングも)はすべて「教師あり」の学習です。

「教師」とは、「機械『学習』」という、いわば洒落でつけられた名前ですが、英語では「supervised learning」と呼び、モデルに学習を行なわせるとき、正しく学習できているかいないかを評価できることを言います。

「分類」では、あらかじめつけた「ラベル」どおりに予測をすれば、学習がうまくいっていると分かります。

第5章の分類では「クマかウサギか」がラベルでした。

第6章では、手書き文字が表わす「0から9までの数字」がラベルでした。

「回帰」は「x座標に対する正しいy座標」を求めます。

このとき「y」は「ラベル」とは呼ばず、多く使われている呼び方は、「ターゲット」(目的変数)などです。

■ (2) 教師なし学習

正解がない、他の言い方をすれば目的がないデータ群から、何か情報を引出そうとするのが「教師なし(unsupervised)」学習です。

ですから、世の中のデータには「教師なし」が圧倒的に多いのです。

*

「教師なし学習」の手法で最もよく用いられるのが「クラスタリング」です。

手元のデータが何らかのクラスタ（小群）に分かれていないかの分析です。

基本的な方法に「k平均法」があります。**5-7節**の「k近傍法」と名前は似ていますが、方法が違います。「k近傍法」では近傍にあるk個の点を探しました。

「k平均法」は、クラスタの中心になるk個の点の位置を決めます。

＊

「scikit-learn」での「クラスタリング・モデル」の作成と学習は、やっぱり簡単ですが、さすがに**第5章**で記述したプログラミングと少し異なります。

データに**リスト5-14**と**5-15**でそれぞれ作った「X_train」および「y_train」があるとして、これを「k平均法」で2つのクラスタに分けてみましょう。

つまり、「k＝2」です。

「クラスタリング・モデル」には「scikit-learn」の「KMeans」クラスを用います。

リストA1　「KMeans」クラスの「インポート」と「モデル」の作成

```
from sklearn.cluster import KMeans


ckm2 = KMeans(n_clusters=2) #モデル
```

「クラスタリング・モデル」で最終的に求めるものは、データの各点につける「クラスタ識別番号」です。

「fit_predict」というメソッドを用いて、「X_train」中の各点に2種類の識別番号(0か1か)を与えます。

リストA2　「クラスタリング・モデル」で「クラスタ番号」を付ける

```
pred2=ckm2.fit_predict(X_train)
```

また、「Matplotlib」の「pyplot(plt)」を用いてプロットするには、「クラスタ番号」の「値」によって、適当に色を割り振ってくれるメソッド「scatter」を用いると速いです。

リストA3 「クラスタ番号」の「値」で色を割り振る

```
plt.scatter(X_train[:,0], X_train[:,1], c=pred2) #自動色分け
plt.xlabel('Head width, mm')
plt.ylabel('Head length, mm')
plt.show()
```

結果は、**図X-1**のように、既知のクマ・ウサギ分類とは違ったものになります。

おそらく、サイズの小さめの個体が集合しているので、そこを1つのクラスタ、残りをもう1つのクラスタと見たのでしょう。

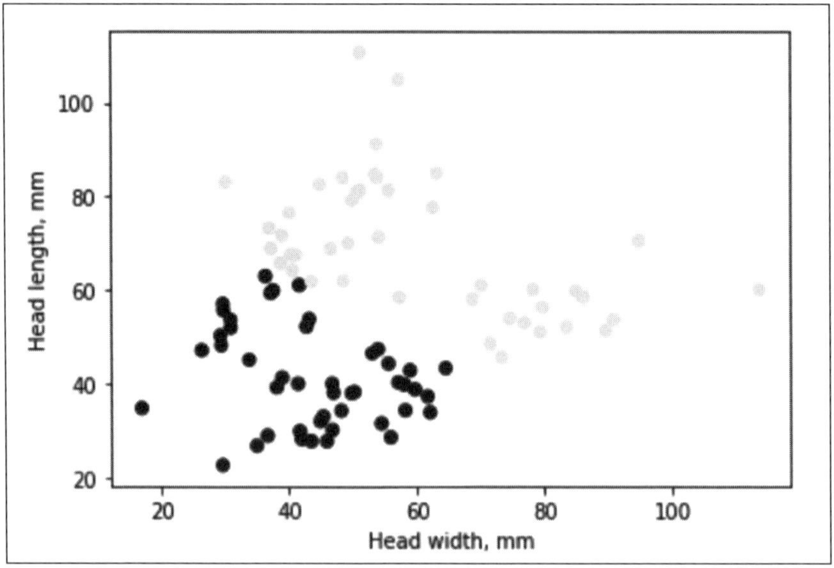

図X-1 「k平均法」で2分割したクマ・ウサギデータ
サイズ小さめの個体の集合ぶりに引きずられた?

どの写真も、クマかウサギか分からなかったとして、3つに分類してみましょう。

リストA4のように、クラスタ数を「3」にしたモデルを作成するだけです。

リストA4　クラスタ数を3つにしてモデルを作成、クラスタをプロット

```
ckm3 = KMeans(n_clusters=3)
pred3=ckm3.fit_predict(X_train)
plt.scatter(X_train[:,0], X_train[:,1], c=pred3)
plt.xlabel('Head width, mm')
plt.ylabel('Head length, mm')
plt.show()
```

図X-2のように、いかにも第三の謎の生き物が出現したかのような色分けになりました。

しかし、実際にはもっとたくさんのデータがないと、ちょっとした点の位置の変動で分類は大きく分かれてしまいます。今回はやり方だけお見せしました。

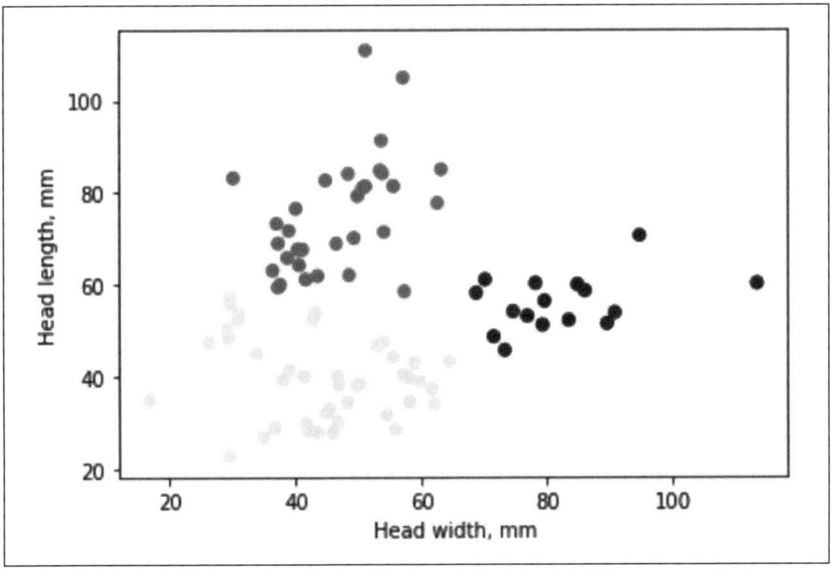

図X-2　はっきり3つに分かれた?

■ (3) 強化学習

「教師あり学習」「教師なし学習」に加えて、第三の学習法として「強化学習」という方法があります。

これは、「正しい予測ができれば加点」、「間違えば減点」して、より大きな得点を目指していく学習法です。

ロボットの自律的動作、ゲームのCPU、写真や画像の創作など、話題を呼びそうな成果が強化学習で多く挙げられていますが、体系的な理論を学ぶ必要があるので、本書では取り上げませんでした。

[B] モデル作成の課題

■ (1) ハイパーパラメータ

機械学習では、「サポート・ベクトル・マシン」「決定木」「k-ナニナニ法」……など、それぞれ基本的な数式は構築されています。

「ディープ・ラーニング」に至っては、すべて「$z = w \cdot x + b$」です。

その上で、データを読み込む学習によって最適な「パラメータ」を決定します。

＊

しかし、学習によって取得できないパラメータがあります。

たとえば、「k-ナニナニ法」の「k」の数、5-8節の「サポート・ベクトル回帰」で比べた「C」の値などです。

また、学習自体を進めるに当たって、決定すべき条件があります。

「k-近傍法」で、距離に対して「重み」を付けるか付けないか(5-10節)、「ディープ・ラーニング」では「ニューロン層」の「ニューロン」をいくつにするか、「活性化関数」として何を選ぶか、などです。

こうした条件は「ハイパーパラメータ」と呼ばれます。

「ハイパー」というので、凄いパラメータに聞こえますが、実は試行錯誤や先人の経験に頼るという、言葉は悪いですが、泥臭いパラメータです。

■ (2) 学習・検証・テスト

機械学習モデルは、「学習」によって一応完成しますが、「テスト」によって評価され、結果が悪ければ作り直しになります。

本書では、「テスト」をあまり行ないませんでしたが、実際には、データを必ず「学習用」と「テスト用」に分け、取り置いたテスト用データをモデルの学習には、「決して」使ってはいけませんと言われます。

学習に使わなかった、モデルにとっては「まったく未知の」データに対しても良い予測が行えなければ、「そのモデルは人様にお出しできるものではない」とされます。

データの数に余裕があるときは、さらに「検証用データ」も取り置くのが良いとされます。

この「検証」は、ハイパーパラメータの微調整に使います。ですから、同じデータ群で学習をさせたり検証をしたりして、1つのモデルを作ることはできます。

しかし、「テスト・データ」は使えません。「検証」は英語ではvalidationで、テストとは違います。

ただし、研究分野、ライブラリ、書籍などによって、「検証」を「テスト」の意味で使っている場合もありますから、「これは何用データなのか」を把握するには、注意が必要です。

■ (3) 汎化・過学習・正則化

上記の話で、学習ずみのモデルで、「テスト・データ」も適切に予測できるとき、「汎化性能が良い」と言います。

「汎化《はんか》」は、英語では「generalization」です。

モデルが「学習データ」にはぴったり合うのに、「テスト・データ」には合わないとき、そのモデルは「過学習」だと言われます。

5-8節と5-9節の「回帰モデル」において、「近似曲線」が「学習データ」に合わせてクネクネするような条件では、データが平均値から離れると曲線がずれたり、「テスト・データ」から外れたりしました。

これが「過学習」で、むしろデータをざっくりと通るなめらかな曲線のほうを良いとしました。

この「ざっくり」にはいくつかの数学調整法があり、「正則化」と呼ばれています。

※なお、「汎化」が要求するのは、どこの馬の骨とも分からない不思議データも予測できることではありません。「同じ分布から生じているが、モデルの学習には使わなかったデータ」です。

第6章で用いた「MNIST」のデータも、同じようにして集めた手書きデータをシャッフルして6万と1万に分けたものです。

■ (4) 精度の種類

分類モデルの「精度」を評価する代表的なものは3つあります。

クマとウサギの場合で考えると、クマがクマと判定された割合と、ウサギがウサギと分類された割合が、どちらも高くあってほしいとき、「正解率」(accuracy) で評価します。

これは、クマならクマで、ウサギならウサギで良い場合ですから、広く使われます。

第6章の「ディープ・ラーニング・モデル」でも、この正解率で学習の度合いを評価していました。

ただし、分類する片方が望ましく、他方は出ないでほしいという場合、他の精度を用います。

たとえば、「クマかと思ったらウサギだったというのはいいが、ウサギかと思ってクマだったというのだけはやめてほしい」という観点では、「適合率」(pr ecision)、「クマは全部連れてくるように、中にウサギが数匹まじっていてもかまわない」という観点では「再現率」(recall)と呼ばれる精度を用います。

これらは、「疾病判定」や「迷惑メール分類」などに使われます。

計算方法も昔から確立されていますが、混乱しやすく、筆者も説明するたびに混乱して泣きが入りますので、世の中でもハッキリした「正解率」がよく使われるようです。

索引

記号・数字順

アルファベット順

50音順

■著者略歴

清水　美樹（しみず・みき）

東京都立川市生まれ。多数の転居を経て 2019 年、再び東京に戻る。
東北大学大学院工学研究科博士課程修了。工学博士。
同学での専門は、コロイド等材料・化学系で、コンピュータや AI はほぼ独学。
分からないことが分かるようになる感動を、読者と分かち合うことを喜びとする。

[主な著書]

・はじめての「Play Framework」
・はじめての Java フレームワーク
・Java ではじめる「ラムダ式」
・はじめての Kotlin プログラミング
・はじめての TypeScript 2
・はじめての「Ruby on Rails」5
・はじめての Visual Studio Code
・はじめての Atom エディタ
・Swift ではじめる iMovie［改訂版］
・はじめてのサクラエディタ
・大人のための Scratch
…他多数　　　　　　　　（以上、工学社）

質問に関して

本書の内容に関するご質問は、

①返信用の切手を同封した手紙
②往復はがき
③ FAX(03)5269-6031
（ご自宅の FAX 番号を明記してください）
④ E-mail　editors@kohgakusha.co.jp

のいずれかで、工学社編集部宛にお願いします。電話によるお問い合わせはご遠慮ください。

●サポートページは下記にあります。

【工学社サイト】http://www.kohgakusha.co.jp/

I/O BOOKS

パッと学ぶ「機械学習」

2021 年 6 月 30 日　初版発行　ⓒ 2021

著　者　清水　美樹
発行人　星　正明
発行所　株式会社工学社
〒 160-0004
東京都新宿区四谷 4-28-20 2F
電話　(03)5269-2041(代)［営業］
(03)5269-6041(代)［編集］
振替口座　00150-6-22510

※定価はカバーに表示してあります。

[印刷]（株）エーヴィスシステムズ

ISBN978-4-7775-2153-1